Овладение влиянием: темные секреты убеждения и контроля над разумом

Освоение влияния: темные секреты убеждения и контроля над разумом

Я Джей Наяк

Индия
2023 год

СОДЕРЖАНИЕ

Язык и мышление неразрывно связаны. Платон, древнегреческий философ, предположил, что мы воспринимаем реальность только через язык; Вильгельм фон Гумбольдт считал язык основой мышления; эти идеи были формализованы в гипотезе Сепира-Уорфа, которая утверждает, что структура языка влияет на то, как думают носители; Ярким примером является то, как количество слов, доступных для различения цветов, влияет на то, как говорящие воспринимают цвета. Эта концепция, согласно которой ограниченное количество слов ограничивает и направляет когнитивный выбор, является тем, что влиятельные манипуляторы используют в своих интересах, ведя их по этому пути мышления, имеет решающее значение и широко применяется. со временем такие философы, как Гумбольдт.

«Девятнадцать восемьдесят четыре» Джорджа Оруэлла была влиятельной книгой, в которой подчеркивались фашистские руководящие органы, которые используют риторические стратегии как часть своего правления, действуя с манипулятивной силой наравне с любым эгоцентричным нарциссом или бесстрастным социопатом. Эту книгу продолжают преподавать в американских школах, и одним из ее величайших результатов было раскрытие того, как происходят языковые манипуляции; в частности, путем введения новояза в качестве государственного языка. Новояз позволяет властям изменять базовые понятия и наше восприятие реальности, ограничивая использование языка. Люди, использующие его, воспринимают только определенные вещи, игнорируя или не обрабатывая все, что может считаться неуместным. Проще говоря, новояз определяет реальность для своих граждан, ограничивая язык. В более широком смысле, индивидуальность становится почти невозможной, когда язык ограничивает речевые возможности для самовыражения - например, прилагательные упрощаются до неблагоприятных прилагательных, которые не позволяют людям выражать тонкие мысли о чем-либо, выходящем за рамки их понимания, и препятствуют свободному выражению тонких мыслей. Это позволяет правительству переосмыслить реальность так, как ее воспринимают подданные, посредством узких определений, которые ограничивают выбор, доступный для самовыражения - аналогично тому, как политические партии часто ограничивают возможности высказываний, ограничивая варианты, которые переосмысливают реальность для всех участников.
Они используют слова для создания поляризованного мышления и добавляют уровни интерпретации в сами слова, например, называют сексуальные контакты «сексуальным преступлением». На оборотной стороне этой медали находятся принудительные трудовые лагеря, называемые «лагерями радости», что

предполагает положительные качества того, что в противном случае было бы отрицательным опытом, и все они созданы для обеспечения послушания. Эта тактика также распространяется на ветви власти, назначенные для этих целей: Министерство Любви обеспечивает соблюдение законов и взимает наказания, в то время как Министерство Мира ведет войну, в то время как Министерство Правды действует как пропагандистское оружие для своих соответствующих ветвей, обеспечивая им авторитет в своих рядах.

Существует множество примеров того, как правительственные чиновники используют стратегии рефрейминга в своих интересах. Во время президентских выборов в США в 2016 году кандидат Дональд Трамп попал в заголовки газет, когда дал новое определение понятию «фейковые новости» (это название обычно применяется к сайтам, распространяющим ложные истории в социальных сетях), вместо этого оно относится к реальным основным источникам новостей. Ребрендинг реальных источников новостей как фейковых новостей, безусловно, имел подтекст новояза. Когда политические деятели используют крылатые фразы или крылатые фразы, которые прославляют свою сторону или очерняют другую, их попытки риторического манипулирования используют методы пропаганды в попытке ограничить когнитивный выбор внутри своей аудитории и попытаться ограничить когнитивный выбор, доступный ее членам аудитории.

Для чего можно использовать эти инструменты в отношениях или на рабочем месте? Мы уже видели примеры в нашей серии «Бог, Дьявол и Харизма». Риторический выбор может открыть ответ, который остается невысказанным.

Социопаты, психопаты, нарциссы и подобные девиантные типы личности используют множество лингвистических тактик, чтобы одержать верх в любых переговорах, которые они ведут со своими жертвами. Они будут пытаться сбить с толку, дезориентировать или иным образом расстроить свои цели, чтобы установить над ними контроль (одной из используемых тактик является языковое манипулирование), поэтому, возможно, стоит проанализировать некоторые из типичных вариантов выбора слов и риторических рамок этих манипулятивных личностей из нашего обсуждения ранее; мы также сосредоточимся на том, как эта тактика может действовать в реальных ситуациях с участием жертв, когда мы обсуждаем возможные стратегии разрешения ситуации, когда сталкиваемся с кем-то подобным, который использует языковые манипуляции против другой жертвы - мы сосредоточимся на обсуждении того, как это может выглядеть; мы обычно обсуждаем, насколько эффективна эта тактика может работать против нас, всех вовлеченных сторон;

Коммуникационные методы, часто используемые в межличностных отношениях, могут применяться и в деловых ситуациях.

Начните здесь, чтобы понять некоторые ключевые фразы, используемые социопатами — людьми с эмоционально отстраненной личностью, способными беспристрастно преследовать собственные интересы в ущерб другим, часто обвиняющими своих оппонентов в чрезмерной реакции — при обсуждении с ними ситуаций. Как социопаты, так и психопаты часто используют подобные фразы, чтобы отвлечь внимание от любой проблемы или ситуации и переложить бремя на самих жертв, заставляя их думать, что все, что их беспокоило, на самом деле не является такой уж большой проблемой. . Социопаты часто используют эту тактику как эффективное средство быстро завершить разговор и обесценить чувства своих жертв. Альтернативная форма признания недействительной заключается в том, чтобы сказать жертве, что она ведет себя нелепо; другая форма отказа с более подразумеваемым суждением. Вы не только ошибаетесь или слишком остро реагируете; вы тоже действуете нелогично - несколькими словами можно сказать многое!

Психопаты используют аналогичную тактику с небольшими модификациями. Психопаты могут обвинить вас в «чрезмерном анализе» — эффективной стратегии, используемой для быстрой дестабилизации ситуации. Психотики часто пытаются сбить с толку своих жертв, предполагая, что они, возможно, сходят с ума или выходят из себя. Когда вы ответите на эти попытки, они просто закроют его, обвинив в чрезмерном анализе - все это сделано для того, чтобы заставить вас усомниться в том, действительно ли ваши предположения во всем верны. Психотики могут замкнуться в себе, обвиняя вас в создании «драмы». Опять же, эта тактика позволяет изменить ситуацию. Даже если ваше чувство несправедливости оправдано, они переформулируют его как нечто, не соответствующее реальности, и попытаются дискредитировать его в качестве части аргумента. Психотики являются экспертами в газлайтинге — методе, который становится все более распространенным. Оба предыдущих метода затрагивают эту проблему; но при полном газлайтинге психопат будет утверждать, что он никогда не говорил того, что, как вы знаете, он сказал; учитывая, что психопаты способны на сложное поведение, они могли бы даже осуществить это более успешно, чем хотелось бы любому из нас!
Тонкого обмана себя и других, заставляя их поверить в свои ложные утверждения, часто бывает достаточно, чтобы потрясти жертв, заставляя их сомневаться в своих собственных чувствах и, возможно, даже в своем здравомыслии.

Нарциссы будут использовать такие фразы, как «Я никогда раньше этого не чувствовал», чтобы преувеличить связи между собой и своими жертвами, но в то же время использовать их для установления будущего контроля и созависимого внимания с их стороны. Эта тактика не только заставляет жертву чувствовать себя хорошо, но и является всего лишь шагом к дальнейшему контролю и взаимозависимости в будущих отношениях. Нарциссы часто проецируют свои слабости на самых близких и используют эту тактику, когда дела идут не так, как надо. В данном случае это может означать обвинение партнера в паранойе или контроле. Когда дела идут не так, как планировалось, они используют такие обвинения в адрес своего партнера как рычаг против него самого – пример проекции. Нарциссы склонны контролировать себя и быть параноиками; проецируя эти качества на других, они могут почувствовать себя лучше, дестабилизируя при этом партнера. Другая тактика может заключаться в том, чтобы предположить, что этот манипулятор никогда не сталкивался с подобной проблемой ни с кем другим; это помогает переосмыслить ситуацию так, чтобы ответственность несли только вы.

В каждом из приведенных выше примеров риторический рефрейминг может также включать в себя язык, который подталкивает вашу аргументацию в том или ином направлении — такие слова, как «смехотворный», «параноидальный» и «драматичный», могут иметь больший вес, чем вы думаете. Интеллектуально вы можете знать, что это ложь, но с обвинением в создании драмы, когда на самом деле вы расстроены, трудно бороться. Распространение этих методов на другие сценарии должно оказаться эффективным. На работе любой коллега или менеджер, у которого есть законные жалобы на сотрудника с одним из этих отклонений личности, может легко обнаружить, что его жалобы переформулированы как паранойя или микроменеджмент, или что «Я выполняю эту работу годами, но раньше не слышал этих жалоб». тем самым давая понять, что их жалобы сами по себе могут быть проблемой.

Это типичные примеры того, как социопаты, психопаты и нарциссы используют язык для манипулирования. Хотя отдельные слова могут отличаться в зависимости от того, кто говорит.
Эти примеры показывают, как в любой конкретной ситуации влиятельные люди используют языковые стратегии для получения рычагов воздействия в различных ситуациях.
Общение — это инструмент
Как и любой инструмент, общение можно использовать для разных целей. У молотка одно основное назначение — забивать гвозди в стены; его коготковый конец выполняет дополнительную функцию — выдергивание гвоздей. Эти две функции инструментов работают рука об руку, и строительные проекты часто

являются основной целью, для которой они предназначены. Молоток также можно использовать разрушительно: разбивать окна или наносить удары по чьей-то голове в качестве оружия — все это возможные варианты, хотя это и не то, что было изначально задумано, но его функция просто менялась в зависимости от того, кто его использует.

Некоторые могут спросить, когда общение переходит в манипуляцию, как если бы общение существовало в спектре. Это просто не то, как работает общение! Коммуникация не переходит автоматически в манипуляцию, когда кто-то заходит слишком далеко в одном направлении — скорее, коммуникация служит инструментом, пытающимся повлиять. Любое эффективное общение, особенно формальный диалог, опирается на риторические инструменты. Независимо от того, сколько или какие из них вы используете для достижения поставленных перед собой коммуникационных целей, их использование не поставит вас на путь к тому, чтобы вас считали манипуляторами. Эффективное общение, направленное на достижение позитивных или альтруистических целей, и есть именно это: эффективное. Греки понимали это, считая эффективный аргумент показателем истины. Если продавец или врач уважает ваши пожелания и действует с их учетом, их аргументы не будут приравниваться к манипуляции. Даже если они убедят вас пройти операцию по спасению жизни, несмотря на ваши опасения по поводу операции, при условии, что их аргументы в ее пользу были изложены честно.

Итак, если манипуляция не зависит от степени, когда общение переходит в манипуляцию? Ответ кроется в мотивации, которую можно сравнить с использованием молотка в качестве примера: если его использовать с каким-либо другим намерением, он становится наступательным инструментом или оружием. Общение работает аналогично. Манипуляция не происходит на каком-то пороге используемых методов или эффективности их использования; скорее, манипуляция имеет место, когда она используется несправедливо для обмана или продвижения программы, которая ставит под угрозу цель коммуникации. Манипуляция может быть как эффективной, так и неэффективной, как коммуникация. Некоторые люди просто неэффективны в этом, в то время как определенная аудитория научилась это признавать. Если кто-то приближается к вам на улице, пытаясь манипулировать, и ему не удается убедить вас в обратном, просто избегайте этого человека и уходите; значит ли это, что они не пытались? Нет! То, чем занимался мошенник, не было прямым общением или честным убеждением - скорее, он пытался манипулировать, но с треском провалился. Иногда использование одинаковых методов убеждения или манипуляции требует изменения только одной переменной: мотива говорящего. В других случаях сами методы могут быть по своей сути манипулятивными;

такие, как те, которые мы обсуждали в последнем разделе. Любая форма обмана или манипуляции по своей сути является манипулятивной. Даже если бы ваши намерения были благими, даже при использовании справедливой и эффективной тактики вы бы всё равно на каком-то уровне занимались манипуляциями. Иногда вы действительно можете иметь в виду некую форму положительного результата; однако ваша готовность лгать обнаруживает скрытый мотив. Желание ввести в заблуждение само по себе является скрытым мотивом. Это может оказаться сложным, поэтому давайте будем говорить прямо: когда ваши мотивы достижения результата и тактика позитивны и справедливы, мы можем классифицировать ваше общение как убеждение. Каждый раз, когда ваше желание состоит в том, чтобы причинить вред или превзойти цель, ввести в заблуждение или сыграть нечестно в общении каким-либо образом или сыграть нечестно в общении, оно достигает порога, который можно определить как манипуляцию.

Прежде чем обсуждать, как работает темная психология и ее методы против вас, важно сначала понять, что именно влечет за собой эта форма психологии. Психология, или понимание того, как функционирует человеческий разум, играет важную роль в повседневной жизни — от рекламы и финансов, преступности и религии до ненависти и любви; тем самым демонстрируя, почему понимание его принципов имеет такую власть над человеческим влиянием.

Психология может быть трудным занятием, и это объясняет, почему большинству людей не хватает этого навыка. Нет необходимости изучать все различные принципы — просто начните с этих уроков, чтобы получить прочную основу для дальнейшего развития. Ключевое значение имеет точное чтение людей, понимание того, что ими движет, и их неожиданные реакции. Даже в этом случае для полного понимания может потребоваться посещение курсов и чтение бесчисленных книг – в зависимости от того, насколько далеко простирается ваше понимание.

Так почему же понимание психологии и психологии человека так важно? Потому что те, кто знает больше, могут использовать эту силу против вас.

Как темная психология используется сегодня?

В то время как некоторые могут использовать тактику темной психологии с намерением причинить вред своей жертве, другие могут использовать эти стратегии, не манипулируя кем-либо каким-либо негативным образом. Некоторые из этих стратегий были впервые популяризированы во время Первой мировой войны.
Неосознанно или намеренно наш набор инструментов расширился за счет различных средств, таких как:

* В детстве вы, вероятно, наблюдали, как ведут себя взрослые, особенно близкие вам люди.

* В подростковом возрасте ваш разум расширился с точки зрения понимания поведения вокруг вас.

* Вы могли наблюдать, как другие использовали, а затем успешно применяли определенную тактику.

* Поначалу использование вами тактики могло быть случайным; но как только они начнут работать над достижением желаемых вами целей, они станут частью вашей продуманной стратегии.

* Политики, ораторы и продавцы, возможно, были обучены этой тактике для достижения желаемых целей.

Тактики темной психологии, которые используются ежедневно

* Наводнение любовью: Наводнение любовью относится к любой форме уговоров людей выполнить вашу просьбу. Например, если вам нужна чья-то помощь с переносом каких-то вещей в ваш дом, наводнение любовью может заставить человека почувствовать удовлетворение от помощи, увеличивая вероятность того, что он подчинится. Темные манипуляторы могут использовать поток любви таким образом, чтобы заставить их почувствовать привязанность или совершить действия, на которые они обычно не пошли бы.

* Ложь: Ложь может означать предоставление жертве ложных или приукрашенных версий событий в попытке добиться того, чего вы желаете. Ложь может включать в себя лишь часть правды или преувеличенные заявления для достижения желаемых результатов.

* Отрицание любви: форма манипуляции, которая может заставить жертву чувствовать себя потерянной и брошенной манипулятором, - это удержание привязанности или любви до тех пор, пока вы не сможете получить от нее желаемые результаты.

* Отстранение: Когда это происходит, с жертвой либо молчат, либо ее избегают до тех пор, пока она не удовлетворит потребности другого человека.

* Ограничение выбора: Манипулятор может предоставить своей жертве доступ к некоторым вариантам выбора, чтобы отвлечь ее от выбора того, чего она не хочет.

* Семантическая манипуляция: в этой тактике манипулятор использует слова с общепонятными определениями, чтобы сбить с толку свою жертву во время разговора, а затем позже показать, что он имел в виду что-то другое, когда использовал это слово; часто это меняет все его определение и может привести к продолжению желаемого разговора, даже если их жертву обманули.

* Обратная психология: Обратная психология возникает, когда вы манипулируете кем-то, заставляя его выполнить одно действие, только для того, чтобы он действовал иначе, прекрасно зная, что именно этого и хотел манипулятор с самого начала.

Кто будет намеренно использовать темную тактику?

Множество разных людей могут использовать против вас тактику темной психологии, в том числе тактику, подобную той, которую можно найти здесь. Поскольку эти люди могут попытаться использовать эту темную тактику против вас, крайне важно, чтобы вы научились распознавать их подходы и держаться от них подальше. Потенциальные источники включают в себя:

Нарциссы. Люди, которые обладают преувеличенным чувством собственного достоинства, часто хотят, чтобы другие тоже верили в их превосходство. Чтобы удовлетворить это желание, они могут использовать методы убеждения и темной психологии, чтобы добиться того, что они считают благоговейным восхищением со стороны всех, с кем они вступают в контакт.
* Социопаты: Социопаты обладают впечатляющим арсеналом обаятельных, умных и убедительных качеств; но действуют таким образом только тогда, когда это необходимо, чтобы получить то, что они хотят. Ассоциативизм означает, что им не хватает эмоций, чтобы чувствовать вину за использование методов темной психологии для личной выгоды, включая создание поверхностных отношений, необходимых для этого.

* Политики: Политики могут использовать темную психологию, чтобы влиять на избирателей и поддерживать их, убеждая их в том, что их точка зрения правильная.

* Продавцы: не все продавцы используют против вас закулисную тактику; однако те, кто стремится добиться высоких показателей продаж, могут использовать темное убеждение, чтобы манипулировать людьми и увеличивать прибыль.

* Лидеры: Методы темной психологии уже давно используются лидерами, чтобы манипулировать членами команды, подчиненными и гражданами, заставляя их подчиняться своей воле.

* Эгоистичные люди: Эгоистичных людей можно определить как любого человека, который ставит свои собственные потребности выше потребностей кого-либо еще, не обращая внимания на то, повлияет ли это каким-либо

образом на окружающих. Они не будут беспокоиться о том, чтобы отдать должное другим там, где это необходимо, чтобы они сами могли получить выгоду; пока эта ситуация работает в их пользу, не имеет значения, кто проиграет, но если кто-то в конечном итоге пострадает негативно, то, скорее всего, это будут они, а не кто-то другой.

Этот список выполняет две важные функции. Во-первых, это поможет повысить вашу осведомленность о тех, кто может попытаться манипулировать вами, заставляя вас делать то, чего вы не хотите, а также может помочь в самореализации, наблюдая за людьми, которые хотят получить от вас что-то. Одна из ключевых целей этой книги — вооружить вас против темной психологии и помочь защитить себя.

«Ментальная манипуляция» — это термин, который часто можно услышать в социальных сетях и на основных коммуникационных платформах, часто в отношении крупных публичных мероприятий, политических кампаний или рекламных стратегий. Большинство людей понимают, что означает «мысленная манипуляция», но могут не иметь доскональных знаний о ее определении и масштабах.

Психическое манипулирование включает в себя формирование и манипулирование мыслями другого человека, чтобы заставить его делать то, что вы от него хотите. Манипулятор влияет на других обманными или неэтичными способами.

Манипуляция обычно подразумевает определенную степень воздействия на цели; то есть манипуляторы будут пытаться заставить свои цели делать то, что они хотят, несмотря на противодействие со стороны самих целей.

Теперь, когда я говорю о «промывании мозгов» людям, как в кино, я не имею в виду использование методов похищения людей и «промывания мозгов», как это часто изображают. Я обсуждаю тонкие методы и стратегии, используемые для того, чтобы убедить других в чем-то, не осознавая при этом, что ими управляют.

На самом деле мастера-манипуляторы создают впечатление, будто люди действуют самостоятельно, а не по внешней провокации. Тем не менее, в манипулировании присутствует определенная сила – например, телевизионные станции заставляют вас смотреть их программы и рекламу, чтобы побудить вас покупать продукты или услуги спонсоров.

Однако в этом случае принуждения можно легко избежать:

Просто переключите каналы. Однако программирование и реклама устроены так, что вам этого не захочется.

Другие формы манипуляции могут быть гораздо более прямыми. Политические партии и кандидаты часто рекламируют себя с помощью призывов к действию, таких как «голосуйте за лучшего кандидата» и «голосуйте за того-то и того-то, если вы цените их будущее». Такие явные попытки убеждения часто можно увидеть в рекламных объявлениях политических кампаний.

Вот почему первая часть этой книги посвящена пониманию и распознаванию распространенных форм манипуляции. Я не имею в виду какую-то тайную клику, пытающуюся контролировать человеческие умы по всей планете; скорее, обученные люди могут попытаться повлиять на ваше мнение, чтобы вы поддержали их повестку дня.

Поняв их методы, вы не только сможете защитить себя и своих близких от внешнего влияния, но и сможете успешно продвигать свою программу. Хотя я не призываю никого выходить и влиять на людей, с которыми они вступают в прямой контакт, используя эти методы; лучше используйте эту тактику, когда это необходимо, чтобы дать себе преимущество, необходимое в жизни.

Расслабляться; мы собираемся отправиться в необыкновенное приключение. Так что просто расслабьтесь и отправляйтесь в путешествие.

Хотя многие люди используют тактику темной психологии со злым умыслом, вы также можете использовать ее, не причиняя никому вреда. Некоторые из этих методов были либо неосознанно, либо намеренно добавлены в наш набор инструментов из-за различных обстоятельств, в том числе:

В детстве вы наблюдали за поведением взрослых вокруг вас и за тем, как они общались.

* В подростковом возрасте ваш разум и способность понимать поведение окружающих значительно обострились.

* Вы смогли наблюдать, как другие используют и успешно реализуют определенную тактику.

* Поначалу использование определенных тактик могло быть непреднамеренным. Но как только они докажут свою ценность в получении желаемого, они могут стать целенаправленными инструментами вашей профессии.

* Политики, ораторы или продавцы часто изучают подобные методы, чтобы достичь желаемых целей.

Тактики темной психологии, которые можно использовать на регулярной основе

* Любовный поток: Любовный поток предполагает использование лести, чтобы убедить других выполнить вашу просьбу. Например, если вы хотите, чтобы кто-то другой помог перенести вещи в ваш дом, использование любовного потока может повысить вероятность этого и облегчить вашу работу. Темный манипулятор может использовать поток любви таким образом, чтобы получить рычаг воздействия на свою цель.
Заставьте их почувствовать близость, а затем уговорите их сделать то, от чего в противном случае они могли бы воздержаться.

* Ложь: Лгать — значит предоставлять кому-то ложную или приукрашенную информацию с целью добиться того, чего вы хотите, например, говорить частичную правду или преувеличивать с целью добиться того, что он хотел.

* Отрицание любви: Отрицание любви может иметь разрушительные последствия для жертв, поскольку заставляет их чувствовать себя брошенными манипулятором. По сути, это предполагает отказ от привязанности и любви до тех пор, пока вы не достигнете с ними того, чего желали.

* Уход: когда эта тактика применяется к кому-то, с ним могут молчать или его будут избегать до тех пор, пока его потребности не будут удовлетворены другими.

* Ограничение выбора: Манипуляторы могут предоставить жертве выбор, чтобы отвлечь ее от решений, которые она не одобряет.

* Семантическое манипулирование: в этой тактике используются слова, определения которых широко приняты участниками разговора; затем позже сообщите жертве, что она имела в виду что-то другое, когда использовала это слово в разговоре. Изменение его определения часто меняет диалог так, как намеревается манипулятор, несмотря на то, что он обманывает кого-то, заставляя его подчиниться своей воле.

* Обратная психология: когда кому-то говорят действовать одним образом, ожидая, что он на самом деле отреагирует по-другому, только для того, чтобы все обернулось иначе, чем предполагал манипулятор. По сути, обратная психология работает именно так, как следует из ее названия: заставить людей вести себя так, как хочет манипулятор.

Кто собирается намеренно использовать теневую тактику?

Вас может шантажировать множество людей, которые могут возникнуть в различных аспектах вашей жизни, что делает их присутствие чрезвычайно опасным.
Крайне важно научиться избегать тактик темной психологии, и некоторые примеры людей, использующих такие стратегии, включают:

*Нарциссы: эти люди часто имеют завышенные представления о себе и испытывают потребность убедить других в этой реальности. Чтобы удовлетворить свое желание, чтобы все, кого они встречают, поклонялись и уважали, эти нарциссы прибегают к методам убеждения и темной психологии для достижения этой конечной цели.

* Социопаты: Социопаты обладают обаянием, интеллектом и убеждением – но только для того, чтобы получить то, что они хотят. Поскольку у них нет

никаких эмоций или раскаяния в содеянном, использование методов темной психологии, включая поверхностные отношения, для достижения желаемого не является для них проблемой.

* Политики: Используя темную психологию, политики могли убедить избирателей голосовать за них, убедив их в превосходстве своей точки зрения.

* Продавцы: не все продавцы используют против вас закулисную тактику, но те, кто сосредоточен на достижении своих показателей продаж, могут использовать методы убеждения, чтобы манипулировать другими и быстрее получать результаты.

* Лидеры: методы темной психологии уже давно используются лидерами, чтобы повлиять на членов команды, подчиненных и граждан, заставляя их делать то, что они хотят.

* Эгоистичные люди. К эгоистичным людям относятся все, кто ставит свои потребности выше потребностей других. Этих людей обычно не волнует, кто выигрывает в той или иной ситуации, если это приносит пользу в первую очередь им самим (если это означает, что другие получают меньше, это нормально), но каждый раз, когда одна сторона проигрывает, скорее всего, это будут они, а не другая.
Этот список выполняет две функции. Во-первых, это поможет вам лучше узнать тех, кто пытается манипулировать вами, заставляя вас делать то, чего вы делать не хотите; во-вторых, это может помочь в самореализации. Одна из главных целей этой книги — помочь вам распознать тех, кто чего-то от вас ищет, не задумываясь о каких-либо негативных последствиях; таким образом вы сможете защитить себя от темной психологии.

Кто контролирует нашу жизнь Интересно наблюдать долгую историю манипуляций внутри общества. Зная больше об убеждении, вы сможете лучше с ним справиться.

Эта глава даст нам краткое представление о манипуляциях применительно к жизни и коммерции. Поняв, где могут существовать манипуляции и кто пытается ими манипулировать, мы получим представление о их распространенности в нашей повседневной жизни и выявим тех, кто пытается нами манипулировать. Не каждый, кто манипулирует, обязательно злонамерен — иногда люди могут действовать вопреки тому, кем они являются на самом деле, или даже сами того не осознавая! Коммерческие предприятия используют методы убеждения, чтобы побудить клиентов покупать их продукты и услуги. Осознание такой тактики поможет нам применять ее с большим успехом!

Нам, как личностям, нравится верить, что мы делаем ответственный выбор в жизни. К сожалению, не всегда полный контроль – особенно когда дети находятся под влиянием своих родителей, не имеющих прямого влияния на наше воспитание. Как только мы входим в систему образования, нами манипулируют еще больше. Учителя рассказывают о социальных нормах и ожиданиях от нас в обществе; позже, став взрослыми, мы можем даже стать подверженными манипуляциям со стороны политиков, которые надеются получить голоса избирателей для своих целей. Многих убеждают голосовать за определенные партии, основываясь на том, что они обещают на будущее, даже если они не поддерживают всю их политику. Это дает политикам власть над нашей жизнью: действительно ли мы отвечаем за это или нас просто уговаривают?
Далее в этой книге мы рассмотрим различные тактики манипулирования, как скрытые, так и явные. Прежде всего, вам необходимо распознавать, когда вами манипулируют, чтобы иметь возможность противодействовать этому; Эксперты высказали свою точку зрения на этот тип поведения среди нас.
Признание искусства манипулирования

Где нам следует быть осторожными в нашей повседневной жизни?

Убедительный язык. Его картины рассказывают тысячи историй; слова имеют еще более сильное влияние, вдохновляя нас, иногда вплоть до манипуляции. Вас когда-нибудь вдохновлял оратор, чья драматическая речь побуждает вас к действию? И слова влияют на нас, даже если они полностью затеряны в великой книге; Слова обладают силой, которая заставляет нас верить во что-то, даже если наши чувства говорят нам обратное! Коммуникацию можно эффективно использовать как мощную силу, убеждая людей делать то, чего они в противном случае не смогли бы сделать.

* Рекламодатели и продавцы используют язык, чтобы убедить нас, что их товары — это именно то, что нам нужно, например, используя такие слова, как:

Доступный; Удобный; Приятный; Экономия времени и гарантированное удовлетворение.

Обратите внимание, как все эти слова заставляют нас поверить в то, что они уверены в своем продукте или услуге.

Политики часто используют такие формулировки, как:

«Мы» — пригласить вас в свой мир.

Почувствуйте себя частью нашей команды

Эти стратегии общения направлены на то, чтобы мы почувствовали себя включенными и, следовательно, важными.

Хулиганы используют как слова, так и агрессивное поведение для достижения своих личных целей.

Преступные хищники, такие как психопаты, социопаты и нарциссы, используют убедительную речь как средство контроля над другим человеком. Существует шесть теорий психологического манипулирования; 1 теория когнитивных искажений была рассмотрена здесь как одна из потенциальных форм.

Существуют различные психологические процессы и теории убеждения, которые получили широкое признание, одна из них - модель когнитивной реакции Энтони Гринвальда 1968 года, которая до сих пор доказывает свою ценность при определении факторов убеждения, а также широко используется в рекламе.

Гринвальд предполагает, что успех убеждения определяется не словами, а чувствами; эмоции будут играть большую роль, чем слова, в том, насколько легко нас убедить.

Внутренние мысли будут включать в себя как положительные, так и отрицательные аспекты, в зависимости от личности человека. Это не процесс обучения, а скорее вопрос о том, просматривает ли кто-то сообщение с благоприятными или неблагоприятными когнициями (когнициями).

Убеждающие должны полагаться на свой опыт, чтобы эффективно противостоять контраргументам и не дать своей цели иметь достаточно времени для разработки любого из них. Более того, убеждающему следует поощрять появление положительных аргументов с большей готовностью, чтобы повысить вероятность успеха - это увеличивает «эффект убеждения».

Убеждение становится более сложной задачей, если объект заранее предупрежден о том, что вы собираетесь сказать; это позволяет им выдвигать контраргументы, если ваше «сообщение» противоречит тому, во что они в настоящее время верят. Исследование, проведенное Ричардом Э. Петти в 1977 году, доказало эту точку зрения: оно показало, что студенты, уведомленные о событии, с меньшей вероятностью будут убеждены, чем те, кого не предупредили заранее.

2 Взаимность

Хорошо изученная теория, помогающая объяснить нашу восприимчивость к убеждению, основана на правиле взаимности, основанном на социальных условностях. Если кто-то оказывает вам услугу или делает что-то хорошее для вас, вы, скорее всего, почувствуете себя обязанным ответить взаимностью, вернув услугу в той или иной форме или способом.

На подсознательном уровне в игру также может вступить Взаимность. Не осознавая этого, вы можете согласиться выполнить просьбу кого-то или оказать услугу, о которой вас просит кто-то, потому что когда-то он что-то сделал для вас и чувствует себя обязанным; даже если их просьба обычно заставляет вас сказать «нет».

Компании часто полагаются на эту тактику, пытаясь увеличить продажи. Предлагая бесплатные образцы или ограниченные по времени пробные версии, компании надеются, что клиенты почувствуют себя обязанными ответить тем же и купить или продлить соглашение.

Взаимность – это устоявшийся психологический процесс. Это адаптивное поведение, которое в прошлом увеличило бы наши шансы на выживание; Помогая другим, вы увеличиваете шансы на то, что однажды они помогут вам. Но у взаимности могут быть и свои недостатки: когда кто-то причиняет нам вред, нами также может управлять наш инстинкт мести.

Научные исследования убедительно подтверждают правило взаимности. Бургер и др. (2009) провели исследование, которое продемонстрировало, что участники с большей вероятностью согласятся на запросы, если запрашивающий в прошлом оказал им услугу.

Методы манипулирования информацией 3

Обман – один из основных инструментов в арсенале любого манипулятора. Это предполагает предоставление жертве неполной или вводящей в заблуждение информации, чтобы вывести из равновесия ее образ мышления и сделать ее уязвимой. Манипуляция также включает в себя намеренное использование языка тела в качестве средства убеждения и манипулятора.

Теория МакКорнака перечисляет четыре принципа, определяющие правдивые утверждения; любое отклонение от них сделает сообщение намеренно вводящим в заблуждение. Эти максимы включают в себя:

Количество
Количество относится к «объему» представленной информации. Большинство из нас стремятся предоставить ровно столько данных, чтобы получатель полностью понял наше сообщение, не предоставляя при этом слишком много или слишком мало; слишком мало может вызвать путаницу; слишком многое может ошеломить. Однако манипулятор будет играть с этой величиной, опуская определенные части, которые он считает неуместными, если это может противоречить его аргументам, и эта практика известна как «ложь путем умолчания».

Качество относится к точности предоставленной информации. Достижение истинного общения считается высоким качеством; в противном случае получатели услышат преднамеренную ложь — или откровенную ложь — с целью получить власть манипулятора.

Связь
Здесь мы обсуждаем «релевантность» информации сообщению. Чтобы обойти неловкий вопрос или скрыть свои слабости, манипуляторы часто изменяют тему вводящими в заблуждение темами, чтобы отвлечь или неправильно направить внимание от того, что действительно необходимо обсудить; или переоценка чего-то, что даст им большую власть над слушателями.

Манера Манера передачи сообщения. Неотъемлемым компонентом является язык тела: при слушании мы читаем интонации и выражения лица, которые могут быть преувеличены, чтобы ввести в заблуждение представление их сообщения, с целью подчеркнуть их повестку дня.
Ложь с целью манипулирования или убеждения кого-либо не является чем-то новым; однако в сегодняшней глобализованной среде его мощь только возросла. Коммуникационные платформы социальных сетей не всегда предполагают прямой личный контакт между двумя людьми, что позволяет манипуляторам искажать информацию или фабриковать ложь в таких формах переписки.

Не все манипуляции обязательно негативны; иногда нам нужна помощь в принятии правильных решений для себя, и именно здесь нам пригодится теория подталкивания; его система положительного подкрепления опирается на небольшие подталкивания к переменам.

Исследования Скиннера, или бихевиоризм, иллюстрируют, насколько полезной может быть эта теория. Предлагая вознаграждение в качестве положительного подкрепления, бихевиоризм может побудить людей действовать в соответствии с тем, чего вы от них желаете.

Подталкивание можно увидеть на этом примере того, как клиентам был дан дополнительный толчок к покупке второго по стоимости товара – и все это в интересах ресторатора! Клиенты получили этот дополнительный стимул.

Теория подталкивания может быть чрезвычайно эффективной экономической стратегией. Но его применение выходит далеко за рамки экономики: оно поощряет изменения в поведении и формирует личный выбор — с помощью этого метода можно изменить даже общепринятые социальные нормы.

Подталкивание было настолько эффективной стратегией, что британское правительство в 2010 году создало в Департаменте команду по поведенческому анализу, чтобы помочь в разработке политики, которая была широко известна как Подразделение подталкивания.

Хотя использование «подталкивания» может иметь некоторые очевидные преимущества, использование психологических манипуляций может нарушить гражданские свободы человека.

5 стратегий социального манипулирования
Психологическая манипуляция — это одна из форм манипуляции, которую часто используют политики или влиятельные люди для продвижения своих собственных интересов. В худшем случае психологическая манипуляция служит формой социального контроля – лишения индивидуальности и принуждения населения принимать то, что им дают – хотя ее положительные применения включают, например, улучшение здоровья и благополучия.

Тот, кто находится у власти и использует социальные манипуляции, может использовать отвлекающие методы, чтобы отвлечь внимание от важных проблем. Они утверждают, что их предложения направлены на пользу не только им самим, но и вашей семье в целом и ее будущему; любые отличия от них будут рассматриваться как неправильные и эгоистичные — этот тип убеждения обращается с людьми почти как с детьми; его цель — заставить всех поверить, что все неправильное — это полностью их ответственность, в то время как единственное решение заключается в том, чтобы прислушаться к советам экспертов, которые знают лучше.

Такая политическая стратегия предполагает привлечение внимания к одной социальной проблеме и прикрытие других. Эта тактика направлена на то, чтобы вызвать социальные волнения и панику среди населения; создавая беспокойство в обществе, люди начнут требовать перемен для улучшения. Таким образом, пытаясь скрыть свои проблемы со здравоохранением, одно ведомство может сократить свой бюджет на предупреждение преступности, что приведет к резкому росту статистики преступности и предоставлению информации, призванной убедить граждан, что они лучше всех знают, как решать проблемы преступности. Политики подпитывают пропаганду, распространяя свою собственную правду и факты – они могут быть точными, а могут и не всегда; иногда даже преувеличенная информация, такая как статистика, может быть использована неправильно для достижения желаемых результатов. Социальное манипулирование занимает годы, прежде чем желаемые результаты могут быть реализованы.

Психологическое манипулирование является частью социального влияния, которое в той или иной степени делает всех нас социальными марионетками. Большинство из нас используют психологические манипуляции, даже не осознавая этого!

Как и ожидает общество, мы обязаны соответствовать его стандартам и соблюдать их, чтобы избежать разлада в обществе.
Задумайтесь на минутку, какой гаджет или товар для обустройства дома вам больше всего хотелось бы приобрести: что-то рекомендованное другом, соседом или представленное в Интернете, что заставляет вас жаждать этого еще больше? Социальная манипуляция работает и таким же образом: нас легко убедить другие, когда наша бдительность ослаблена; считать ли это хорошим или плохим, полностью зависит от индивидуальной точки зрения.

Как обсуждалось ранее, не все социальные манипуляции плохи; на самом деле это может даже иметь положительные результаты. Хотя термин «манипуляция» может вызывать образы недобросовестных людей, подчиняющих людей своей воле, при правильном использовании он может помочь обществу в целом. Хорошим примером социального манипулирования могут быть специалисты здравоохранения, призывающие нас есть больше фруктов и овощей («кампании 5 в день») или кампании по прекращению курения, которые привели к сокращению числа курильщиков, а также к снижению заболеваемости болезнями, связанными с курением; такая тактика представляет собой эффективную форму принуждения в лучшем виде!

6 Газлайтинг

Газлайтинг может быть самой жестокой формой манипуляции. Это попытка подвергнуть сомнению здравомыслие и самооценку человека, посеяв в нем семена сомнения - часто используя повторяющуюся ложь как приманку, пока в конечном итоге вы не поверите в нее как в истину.

Газлайтинг — это бесчеловечная форма манипуляции, при которой один человек заставляет другого сомневаться в себе и терять всякую уверенность в себе, что приводит к полному психологическому срыву и подчинению враждебному присутствию. Газлайтеры постоянно подрывают свою цель, противоречия им или предполагая, что они всегда понимают это неправильно, иногда до такой степени, что обвиняют их самих во лжи - действие, направленное на снижение самооценки, прежде чем они полностью попадут под властный контроль со стороны посторонних, которые захватят власть, став сами угнетатели. Когда это происходит, они становятся объектом властного присутствия своего угнетателя, который становится подчиненным, прежде чем, наконец, поддаться властному влиянию из внешних источников. Газлайтеры взамен стремятся к власти над ними и в конечном итоге становятся жертвами своего властного хозяина.
Манипулирование влиятельными лицами — это форма психического насилия, часто наблюдаемая в оскорбительных личных отношениях. Влиятельный человек будет использовать различные методы, чтобы заставить свою жертву сомневаться в себе - вплоть до того, что подвергнет сомнению свои воспоминания, отрицая прошлые события, которые произошли между ними и ими.

Газлайтинг требует времени и усилий, чтобы стать полностью эффективным. Манипулятор будет изматывать свою жертву в течение длительного периода времени, что, в свою очередь, приведет к тому, что она усомнится в своем здравомыслии.

Доктор Джордж Саймон, доктор философии, клинический психолог из Техасского университета. В ходе исследований людей с тревожным характером, особенно психопатов, его результаты привели его к выводу, что определенные типы личности очень искусны в манипулировании; используя ложь и агрессивный язык, им удавалось вселить сомнение в сознание своей жертвы, пока, в конце концов, их цель не потеряла веру в себя и не поверила тому, что сказал манипулятор, в конечном итоге попав под его или ее контроль.

Глава 4: Техники, используемые в темных местах

Секреты психологии
Большинство психологических методов служат приложениям как темной, так и белой психологии; их полезность зависит от намерений тех, кто их использует.

В этой главе мы рассмотрим различные психологические приемы, используемые в противоправных целях.
Темное убеждение
Убеждение — безусловно, наиболее часто используемый психологический метод, часто используемый в психологии белых; почти все мы в тот или иной момент использовали убеждение как часть этой дисциплины; однако лишь немногие использовали убеждение как эффективную форму манипуляции темной психологией.

Прежде чем углубляться в Темное убеждение, давайте сначала рассмотрим его основные компоненты.

Что такое убеждение? mes Persuasion — это психологическая практика использования убедительных аргументов таким образом, чтобы мотивировать, влиять или изменять отношение или поведение человека для достижения желаемых результатов.

Советы по убеждению Вот несколько основных стратегий убеждения, которыми вы должны овладеть, чтобы добиться успеха:

Исследование, чтобы получить экспертный совет

Будьте идейным лидером – направляйте мысли других и подавайте им пример.

Будьте уверены, используя декларативные заявления и напористость:

Максимально уменьшите сарказм.

Звучит разумно и следите за реакциями в ответ на едва уловимые ответы; активно слушайте и предлагайте, а не требуйте; активно наблюдать; быть эмоционально умным

Тактика убеждения
Вот несколько основных, но важных тактик убеждения:

Используйте имя человека, с которым вы общаетесь.

Подключитесь лично и установите взаимопонимание.

Развивать отношения и открывать двери для взаимности.

Используйте мотивирующие слова. Будьте гибкими и адаптивными – адаптируйтесь к каждой цели индивидуально (без единого подхода). Используйте технику отражения и сопоставления НЛП.

Используйте эффект Bandwagon в своих интересах

Создайте некоторую неуверенность среди тех, кого вы убеждаете, создав у них ощущение нехватки внимания.

Создавайте интригу посредством преднамеренных пробелов (информационных пробелов).

Примените стратегию «нога в дверях» — сделайте небольшой запрос, который откроет больше дверей для последующих более крупных запросов.

Подчеркивание ценности вашего предложения для тех, кого вы пытаетесь убедить, является ключевым моментом в попытке убедить их в его ценности, поскольку каждый человек подсознательно спрашивает себя: «Что это даст мне?»

mes Эффект подножия
Эффект подножия можно описать как коллективное воздействие, которое группы людей могут оказывать на отдельных членов этой толпы или группы людей.

Ниже приведены некоторые ключевые характеристики эффекта подножия:

Стадный менталитет – люди склонны подчиняться, когда убеждены, что следование за другими приведет к успеху. Социальное доказательство – люди склонны следовать тому, что кажется наиболее популярным.

Осуждение негативных социальных доказательств (таких как мусор, вырубка леса, плохое сексуальное поведение, переедание и курение) может на самом деле способствовать этому. Например, критика увеличения числа прогулов с 15% до 20% должна также подкрепить положительное социальное доказательство, отмечая большинство сотрудников (80%+), которые не прогуливали работу, и обсуждая те немногие испорченные яблоки, которые остаются на месте, как ничтожные по сравнению с что следует еще больше подчеркнуть и уменьшить.

Обман

Обман можно определить как любое действие, направленное на сокрытие, искажение или продвижение чего-то ложного с целью сокрытия, дискредитации или продвижения мнения с целью убедить другого человека действовать в соответствии с заранее определенными целями или ожиданиями.

Обман предполагает манипулирование видимостью для передачи неточного представления реальности.

Суть обмана – в сокрытии. К распространенным методам обмана относятся:

Пропаганда предполагает распространение ложной информации под видом правды или фактов, в то время как камуфляж скрывает истинную природу вещей; примером может быть использование благотворительной деятельности в качестве прикрытия для проникновения на территорию.

Претенциозность означает принятие на себя альтер-эго; например, притворяться невиновным, когда кто-то виновен, вести себя больным, когда чувствуешь себя совершенно здоровым, притворяться горюющим, когда на самом деле празднуешь что-то важное и т. д.

Мистификация. Создайте ауру сверхъестественного, скрывая информацию или действуя сверхъестественными способами, делая себя привлекательным для тех, кто склонен к убеждениям.

Изворотливость: Фокусники, фокусники и актеры часто используют эту тактику, чтобы отвлечь внимание людей от себя и к вам, отвлекая его в вашу пользу для достижения личных целей. Эта тактика также хорошо работает, когда вы пытаетесь добиться результатов посредством публичных выступлений, таких как концерты.

Виды обмана

Обман принимает две основные формы.

Ложь по заказу (притворство) – активная форма обмана. Лицо, занимающееся ложью по поручению, непосредственно обманывает или лжет, умышленно изменяя существенные факты в свою пользу.

Симуляция или упущение (ложь по упущению). Имитация лжи — это косвенные формы обмана, при которых лицо, занимающееся обманом, не изменяет напрямую существенные факты; скорее они скрывают то, что могло бы изменить принятие решений теми, кого обманывают.

Дюпери
Дюпери, как и любой акт обмана, идет дальше, чтобы получить от жертв личную выгоду. Дюпери предполагает установку ловушек или приманок, которые заманивают жертв в ловушку, прежде чем использовать их для личной или гнусной выгоды.

идеологическая обработка
Индоктринация относится к процессу привития кому-либо убеждений, не давая ему возможности для независимого критического исследования.

Стратегии, используемые для идеологической обработки:

Механическое обучение - эта практика запечатления информации в памяти людей посредством повторяющихся действий, таких как повторение мантр во время молитвы или подсчет четок мала во время молитвы, известна как механическое обучение.

Людей, обученных делать аффирмации, просят произносить слова, которые подтверждают определенные утверждения, создавая таким образом впечатление, что эти утверждения верны.

Препятствование истине и фактам. Эта тактика направлена на то, чтобы помешать тем, кто подвергается идеологической обработке, получить доступ к источникам истины или фактам, таким как книги, считающиеся «сатанинскими». Также можно использовать методы психологии страха, например, предупреждая их, что им будут снятся кошмары или их посетит дух вампиров, если они прочитают такие книги.

Исповедь. У каждого из нас есть прошлое, полное грехов. Возможно, мы сделали что-то, о чем сожалеем; Одна из тактик идеологической обработки предполагает принуждение людей к признанию. Как только люди признаются, их моральный авторитет перед идеологической обработкой снижается, что ведет их по пути подчинения идеологической обработке.

Изоляция. Основная цель изоляции — вывести кого-либо из-под влияния, которое делает идеологическую обработку невозможной или более трудной, полностью отрезав его от семьи, общества или нормальных отношений. Таким образом, жертвы могут оказаться отрезанными от семьи, общества и нормальных отношений, что приводит к тому, что они верят всему, что говорят их идеологи, не получая другого мнения относительно этих утверждений от доверенных третьих лиц. Изоляция также служит формой препятствия, когда истину и факты невозможно оценить объективно с точки зрения доверенной третьей стороны.

Навязывание вины. Наложение вины аналогично принудительному признанию; однако навязывание вины включает в себя внушение чувства вины жертве идеологами, которые находят способы обнаружить любое правонарушение, а затем используют это действие против нее, чтобы вызвать у нее чувство вины. Как и в случае с принудительным признанием, основной целью этой тактики является навязывание вины.
Признание может подорвать моральное положение жертвы и заставить ее психологически подчиниться.

Навязывание фобии. Психологический страх можно внушить с помощью методов идеологической обработки, применяемых идеологами; жертвам становится все труднее действовать за пределами своей сферы влияния. Пример стимулирования фобии Страховые компании используют тактику запугивания потенциальных клиентов, преувеличивая потенциальные риски, которые могут возникнуть, если потенциальный клиент решит не страховать жизнь или имущество близких, в то время как правительства часто прибегают к внушению страха, чтобы протолкнуть свои страхи. повестки дня.

Ритуалы оставляют неизгладимый след в психологии, что объясняет, почему так много традиций, религий, культов, политических организаций и гражданских групп используют ритуалы как элемент своей практики. Ритуалы могут проводиться перед молитвой или панихидой, а также перед началом войны — эти церемонии повышают восприимчивость к любым предложениям, выдвигаемым идеологами.

Вынужденная зависимость. Манипуляторы часто используют эту тактику в отношениях, в которых они хотят одержать верх над своими жертвами, например, империалистическими или колониалистическими образованиями, которые увековечивают бедность, прежде чем притвориться, что спасают ее от ее участи. Они могут предлагать обусловленную помощь или гранты, содержащие условия, призванные увеличить зависимость и сделать жертв более склонными к эксплуатации. Поскольку это преднамеренное обнищание не привело бы к такой крайней нищете и не привело бы к такой щедрой помощи и грантам, это порождает зависимость. Партнеры по браку часто позволяют неуверенному в себе партнеру создавать условия, которые делают его партнера зависимым; неуверенный в себе муж может сделать ее более зависимой.

Как только его жена теряет работу, неуверенный в себе муж может легче контролировать и манипулировать своей безработной супругой, поскольку он служит ее основным источником финансовой независимости. Отсутствие финансовой самостоятельности делает ее уязвимой для диктата мужа.

Наказание. Создавая систему поощрений и предлагая тесты/экзамены в качестве наказания, те, кто проходит программу идеологической обработки, наказываются соответствующим образом.

Характеристики идеологической обработки

Неудивительно, что идеологическая обработка пронизывает большинство аспектов нашей жизни – она происходит дома (родителями и учителями), в школах (учителями), общественной жизни (политиками и правительствами) и т. д.

Вот некоторые ключевые характеристики инструментов идеологической обработки:

Страх, догматизм, фундаментализм, когнитивная замкнутость и воспринимаемая депривация как источники идеологической обработки
Могут существовать различные скрытые и явные источники идеологической обработки; вот несколько обычно открытых источников:

Религиозные учреждения, Школы и учебные заведения

Руководство для родителей по средствам массовой информации (основные, альтернативные средства массовой информации и социальные сети).

Политики
Промывание мозгов партнерам по браку Термин «промывание мозгов» относится к процессу вытеснения существующего набора старых убеждений из их системы в пользу новых, которые приходят без чьей-либо просьбы или добровольного принятия. Промывание мозгов происходит без согласия.

«Промывание мозгов» может принимать разные формы; иногда это незаметно и непроизвольно, а иногда жестоко. Одним из жестоких примеров было насильственное обращение во время крестовых походов и джихада. Жертвы в таких случаях осознают, что происходит, но принимают это как эффективный механизм выживания, позволяющий избежать большего вреда, такого как смерть.

Насильственное «промывание мозгов» обычно происходит в воинствующих культах или преступных организациях, где жертвы оказываются в ловушке, не имея пути к бегству.

К потенциальным жертвам насильственного «промывания мозгов» относятся:

Пленные (особенно военнопленные)

Рабы в плену
Похищенные жертвы рабства выставлены на продажу похитителями
Нелегальные иностранцы Тонкое «промывание мозгов» часто происходит без ведома жертвы; здесь преступник ищет уязвимых жертв, которых легче убедить. Более того, эти уязвимые жертвы обычно оказываются в тяжелых обстоятельствах, что порождает психологический вакуум, жаждущий удовлетворения.

Ниже приведены несколько потенциальных жертв невольного «промывания мозгов»:

Вы живете с неизвестным хроническим заболеванием? Если да, пожалуйста, прочитайте это.

Несовершеннолетние, покинувшие дом и живущие одни, обычно проживают далеко.

Люди, потерявшие работу и страдающие эмоционально, находятся в глубоком отчаянии.

Потеря близких в результате развода или смерти может быть невероятно болезненной.

Общие этапы «промывания мозгов»

Ниже приведены некоторые шаги, которые обычно предпринимают «промыватели мозгов», когда пытаются «промыть мозги» своим жертвам:

1. Изоляция
2. Нападение на подчинение самооценки
Тестирование 5 любовных бомбардировок
«Промыватели мозгов» понимают, что члены семьи или близкого окружения могут быстро определить, что происходит с жертвой, и таким образом спасти ее или ее, поэтому первый шаг, который они предпринимают, чтобы ниспровергнуть жертву, — это изолировать ее или ее от близких им людей, таких как семья или друзья. .

Лидеры культов, например, могут привить жертвам негативное мнение близких родственников и друзей, создавая разделение между собой и близкими в результате тактики «промывания мозгов», используемой против них, например, психическими вампирами, которые высасывают энергию и делают людей хроническими больными; жертва может поддаться такой тактике «промывания мозгов» из-за болезни и отчаяния, в конечном итоге изолируя себя от кого-то, кто мог бы вообще спасти ее от «промывания мозгов».

Нападение на самооценку Жертва, страдающая от низкой уверенности в себе или страдающая от низкой самооценки, уязвима для «промывания мозгов», и поэтому «промыватель мозгов» стремится достичь этого состояния, нападая на ее самооценку.

«Промыватели мозгов» используют различные стратегии, чтобы подорвать чувство собственного достоинства своих жертв, такие как:

Словесное и физическое насилие – часто используется в насильственных методах «промывания мозгов», чтобы дегуманизировать жертву и подорвать ее/ее чувство собственного достоинства.

Лишение сна. Без адекватного отдыха люди более уязвимы к психологическому давлению из-за снижения осознанности. Без полной осознанности инструкции по «промыванию мозгов» становятся проще для измученного человека, ищущего немного тишины и покоя, чтобы быстро заснуть.

Запугивание – это один из многих методов «промывания мозгов», чтобы заставить кого-либо подчиниться без его воли, например, с помощью угрозы наказания или самого наказания.

Смущение. Эту стратегию можно использовать, если потенциальная жертва скрывает какую-то неприятную тайну, которую она предпочла бы скрыть, например, используя различные средства для получения фотографий обнаженной натуры или для того, чтобы вызвать у таких людей супружескую неверность. Как только «промыватель мозгов» получает эти материалы, он/она начинает тонко ставить жертву в неловкое положение, не раскрывая публично ничего об этих материалах, а используя обобщенные термины, которые указывают на аморальное поведение со стороны их цели. Жертва понимает, к чему ведут эти сигналы, и поэтому полна решимости помешать своему «промывателю мозгов» раскрыть это смущающее содержание, давая ему/ей преимущество, необходимое для «промывания мозгов» жертве. Примеры сценариев «промывания мозгов» включают принуждение жертв к выполнению ритуалов, которые подрывают их собственную ценность и самооценку, что еще больше подчиняет их промывателю мозгов. Со временем у жертв может развиться стокгольмский синдром, когда вместо того, чтобы сопротивляться, они начинают поддерживать своего «промывателя мозгов».
Защищайте «промывателей мозгов» (что подсознательно означает защиту их «тайн»)

«Промыватели мозгов» используют создание дефицита, такое как нормирование предметов первой необходимости, и выпускают их только после того, как человек выполняет их приказы, чтобы подчинить жертв. «Промывание мозгов» направлено на то, чтобы поставить жертв под тотальный контроль, чтобы они стали полностью покорными.

Ниже приведены несколько тактик, используемых для подчинения:

Экстремальное насилие над нами и ими
Любовная бомбардировка Чрезвычайное насилие Жертва подвергается жестокому обращению; часто применяется эмоциональное и психологическое насилие, при этом физическое насилие используется только в целях жестокого «промывания мозгов», а не в тонких методах «промывания мозгов».

Мы против них
Жертва вынуждена выбирать между своим «промывателем мозгов» и обществом в целом. У этой жертвы нет шансов на побег.

Субъекты с промытыми мозгами представляют жертв, которые все еще питают какие-либо мысли о «них», внешнем мире. Любая попытка жертв рассмотреть возможность остаться с «нами», объектами «промывания мозгов», приведет к жестоким оскорблениям, пока они не решат присоединиться к «промыванию мозгов» и бросить «них».

Тест или оценка,
Тестирование проводится для того, чтобы убедиться, что жертва сделала свой выбор и больше не желает присоединяться к «ним», а также проверяется уровень ее послушания.

Под тайным контролем жертвы могут быть отпущены в «они» (основное население) при условии, что они вернутся в определенный день, и тайно контролироваться, чтобы увидеть, захотят ли они вернуться в «нас» (группу с промытыми мозгами).

Если жертва не хочет возвращаться, ее похищают и возвращают в наши ряды – и таким образом порочный круг начинается снова.

Если жертва добровольно возвращается, мы переходим ко второму этапу, известному как любовная бомбардировка.

Большинство жертв считают возвращение в общество слишком трудным, поэтому предпочитают вернуться домой, а не восстанавливать то, что было потеряно.

Бомбардировка любовью Как только тесты показывают, что жертве успешно промыли мозги, можно использовать методы бомбардировки любовью, чтобы побудить ее или ее присоединиться к организации.

Любовная бомбардировка может включать в себя похвалу, продвижение по порядку предметов, полученные подарки и т. д.
Темное соблазнение «Темное соблазнение» относится к использованию психологических инструментов, предназначенных для использования тактики темного манипулирования против отдельных лиц с целью уговорить их вступить в отношения, которые удовлетворяют корыстные интересы только одной стороны и не приносят ощутимой выгоды ни одной из участвующих сторон.

Бессовестный соблазнитель играет на желаниях своей жертвы, чтобы удовлетворить свои похотливые намерения.

Хотя соблазнение часто ассоциируется с противоположным полом, оно также может касаться лиц того же пола и даже тех, кто считает себя несексуальным.

Темное соблазнение включает не только сексуальные действия; скорее, он использует сексуальную стимуляцию для достижения определенных целей.

Сексуальная стимуляция делает жертв менее логичными и рациональными и, следовательно, более открытыми для манипуляций.

Ниже приведены несколько техник темного соблазнения:

Любовная бомбардировка включает в себя отправку провокационных выражений и банальностей другим в качестве подарков, с явной просьбой об этом или без нее.
Основная цель темного соблазнения — обратиться к примитивному Ид человека и уменьшить антикатексис; тем самым побуждая его или ее порвать с Супер-Эго и спуститься в Ид, где существует гедонизм.

Эротические действия и вознаграждения могут быть применены против жертвы, чтобы усилить это состояние Ид и устранить все признаки Супер-Эго или антикатексиса.

Чаще всего идеологическая обработка и «промывание мозгов» могут помочь разрушить супер-эго. Однако для этой цели в качестве мощной техники используется гипноз – приведение чьего-либо сознания в открытое состояние, в котором его можно будет убедить любым внушением, которое вы ему предложите.

Человек, находящийся под гипнозом, подобен спящему человеку, идущему; их сознание становится исключительно сосредоточенным на ходьбе, не воспринимая сигналы из внешних источников.

Находясь в гипнотическом состоянии, человек не может сознательно черпать ориентиры из внешних источников – только из внушений. Периферийное осознание уменьшается или исчезает вообще, поскольку их разум оказывается в ловушке внутри непроницаемого пузыря, непроницаемого для внешних сигналов, которые обычно проникают в него.

Гипнотическая индукция
Гипнотическая индукция включает в себя предоставление кому-либо инструкций и внушений, призванных вызвать гипноз.

Ключевые особенности гипноза:

Концентрированное внимание, сосредоточенное на одном объекте или идее. Изоляция от периферического осознания.

Повышенная восприимчивость к внушениям. Основное различие между белым и темным гипнозом заключается в намерении гипнотизера: темный гипноз направлен на использование субъекта для корыстной выгоды, а не на помощь ему улучшить себя посредством позитивных внушений изнутри гипноза.

Белый гипноз направлен на облегчение травматических или вредных состояний сознания, помогая гипнотикам быстро и успешно выйти из них. Гипнотерапию часто считают основной формой белого гипноза, часто называемой терапевтическим гипнозом.

Гипнотерапия
Гипнотерапия — это форма белого гипнотического воздействия, используемая практикующими врачами в терапевтических целях. Основная цель – помочь исцелиться от психологических, эмоциональных и даже физических травм.

Гипнотерапию можно использовать как эффективный метод облегчения боли, помогая пациенту дистанцироваться от источника дискомфорта, тем самым уменьшая чувствительность к этой боли.

Факты о гипнозе: гипноз является добровольным. Умышленные дети более восприимчивы к гипнозу, чем взрослые.

15% людей подвержены гипнозу.

Лишь в редких случаях удается загипнотизировать 10 процентов людей.

Люди, склонные к фантазированию, более уязвимы для погружения в темную гипнотическую индукцию. Кроме того, это может иметь неблагоприятные последствия.

Было много жертв темного гипнотического воздействия. Общие причины включают в себя:

Загипнотизирован настолько глубоко, что охотно передаете вещи гипнотизеру.

Вас загипнотизировали и заставили умышленно открыть дверь грабителям?

Вы подвергаетесь гипнозу и охотно следуете за похитителями в их логово? Если это так, то, будучи загипнотизированным, чтобы вы последовали за ними в их логово, скорее всего, приведет к похищению и какому-либо насилию.

Понимание манипуляции уже давно стало частью жизни; неудивительно, что убеждение издавна практиковалось как навык. Осознание его истинной сути имеет важное значение, если вы хотите эффективно справиться с его воздействием.

В этой главе мы кратко рассмотрим психологию манипуляции, чтобы лучше понять, где она может существовать в нашей жизни и кто может попытаться нас эксплуатировать. Это также может помочь выявить тех, кто пытается повлиять на нас без нашего ведома — например, начальник может поощрять своих сотрудников действовать способами, противоречащими их нормальной личности и поведению; изучение того, как коммерция использует тонкие методы убеждения, поможет вам бороться с ее всепроникающей силой.

Наше общество побуждает нас видеть себя независимыми личностями, способными делать рациональный выбор; однако, когда дело доходит до жизненных решений, мы не всегда имеем полный контроль. Дети часто могут находиться под сильным влиянием своих родителей и лишены какого-либо контроля над процессом их воспитания. Оказавшись внутри системы образования, мы подвергаемся еще большему манипулированию. Учителя рассказывают нам о социальных нормах и ожиданиях в обществе; позже, когда мы уже взрослые, нас привлекают политики, ищущие голоса. Многих убеждают голосовать за определенные партии тем, что они обещают на будущее, даже если они не верят в их политику. Это дает политикам власть, которая может напрямую влиять на нашу жизнь; действительно ли мы контролируем ситуацию или просто подвергаемся манипуляциям со стороны тех, кто владеет умелыми методами убеждения?

Далее в этой книге мы расскажем, как бороться с различными методами манипулирования, как явными, так и скрытыми. Прежде всего, вы должны научиться распознавать, когда вами манипулируют, чтобы иметь возможность противодействовать этому; с этой целью мы также рассмотрим, что говорят эксперты об этом типе поведения, существующем среди нас.

Вы чувствуете, что вами манипулируют?

Чего нам следует опасаться в повседневной жизни?

Убедительный язык Хотя изображения говорят лучше тысячи слов, слова могут быть гораздо более эффективными, если их использовать для мотивации, поощрения и убеждения. Просто вспомните те случаи, когда вас вдохновлял

харизматичный оратор, чьи смелые речи вдохновляли и мотивировали вас к действию; или когда мы полностью потерялись в великой книге, слова которой рассказывают другую историю! Язык может быть чрезвычайно мощной силой, если его эффективно использовать для убеждения других в чем-то; Общение является невероятным преимуществом при попытке изменить поведение людей или заставить людей изменить свое мнение о чем-то.
Теории психологического манипулирования 1. Когнитивные

Психологические процессы и теории, связанные с убеждением, хорошо известны; Одна из таких теорий, разработанная Энтони Гринвальдом в 1968 году, — это модель когнитивной реакции. Хотя его принципы были созданы более 40 лет назад, они остаются актуальными и сегодня и широко используются в рекламе и других формах убеждения.

Гринвальд предположил, что: «Что действительно определяет успех убеждения, зависит не от слов, а от эмоций получателя, его внутреннего монолога и от того, рассматривают ли они сообщение с благоприятными или неблагоприятными мыслями (познаниями) или нет». Этот процесс не обязательно должен включать в себя изучение нового материала, но определяется тем, рассматривает ли кто-то его уже таким образом, что влияние становится для него более или менее легким.

Убеждающие должны полагаться на свои навыки убеждения, чтобы преодолеть любые контраргументы, возникающие против их усилий по убеждению. Они должны не допускать, чтобы у их цели было достаточно времени для разработки каких-либо собственных контраргументов, и должны поощрять позитивные аргументы выходить на передний план, давая «эффекту убеждения» более высокие шансы на успех.

Убеждение становится более сложной задачей, если предполагаемая цель была заранее предупреждена о том, чего ожидать, что дает ей время подготовить свои собственные аргументы против того, что может показаться им нелогичным. Ричард Э. Петти провел исследование, которое продемонстрировало важность предварительного предупреждения в 1977 году: студентов, уведомленных об определенных событиях, с меньшей вероятностью можно было убедить, чем тех, кто не был предварительно уведомлен.

Взаимность
Правило взаимности дает еще одно интригующее объяснение нашей восприимчивости к убеждению: оно опирается на социальные условности: если кто-то оказывает вам услугу или предоставляет вам что-то хорошее, вы с

большей вероятностью почувствуете себя обязанным вернуть услугу в той или иной форме.

Подсознательно может сработать правило взаимности. Даже не осознавая этого, вы можете согласиться совершить действие или оказать услугу кому-то, потому что в какой-то момент он сделал для вас что-то хорошее, даже если обычно эта просьба выходит за рамки вашей компетенции. Чувство долга может даже иметь свои преимущества;

Компании, использующие методы продаж, обычно используют эту тактику, чтобы увеличить продажи. Компании предлагают бесплатные образцы или ограниченные по времени пробные версии в надежде, что клиенты почувствуют себя обязанными отплатить тем же, купив их продукт или продолжив соглашение.

Взаимность — это устоявшийся психологический процесс и адаптивное поведение, увеличивающее наши шансы на выживание на протяжении всей истории. Помощь другим может увеличить ваши шансы получить ответную помощь, но взаимность может иметь нежелательные побочные эффекты; например, если кто-то причиняет вам вред, взаимность может спровоцировать ответную месть против него.

Научные исследования подтверждают правило взаимности. Бургер и др. (2009) обнаружили, что участники с большей вероятностью соглашались на просьбы человека, который оказал им услугу в прошлом.

Манипулирование информацией. Шаг 3.

Обман – одна из основных стратегий манипуляторов. Эта стратегия предполагает предоставление жертвам ограниченной и запутанной информации, чтобы изменить их образ мышления, делая их более восприимчивыми. Обман может также включать в себя намеренное использование языка тела с целью убедить кого-либо и манипулировать им. МакКорнак и др. (1992) провели исследование, которое выявило различные способы фальсификации сообщений для облегчения процессов манипулирования. Теория МакКорнака основана на четырех принципах, определяющих правдивость утверждений; любое нарушение будет рассматривать это сообщение как преднамеренный обман. Они включают: Информация о количестве «Количество» означает, сколько выдается. Большинство из нас стремятся выдать достаточно данных, чтобы получатель понял наше сообщение – ни слишком мало, ни слишком много не может вызвать путаницу. Но манипуляторы могут играть с этой величиной, скрывая определенные детали, которые, по их мнению, не имеют отношения к их аргументам, или скрывая информацию, которая, по их мнению, подорвет их - эта практика известна как «ложь путем умолчания».

Качество относится к точности доставляемой информации. Правдивое общение имеет высокое качество, а когда мы нарушаем этот принцип, получатель слышит намеренную ложь, которая дает манипулятору власть над другими.

Релевантность Здесь мы имеем в виду «релевантность» информации, связанной с нашим сообщением. Чтобы отклонить неловкий вопрос или уклониться от неудобной дискуссии, манипуляторы часто переключают тему ради собственной выгоды — либо чтобы скрыть свои внутренние слабости, либо переоценить что-то, что даст им больше власти над слушателем.

Способ доставки Презентация определяется тем, как она «доставлена». Язык тела играет в этом важную роль. Когда мы слушаем, интонации и выражения лица могут указать, откуда пришло сообщение; манипуляторы могут преувеличивать эти особенности, чтобы тонко ввести слушателей в заблуждение, заставив их поверить в то, что их сообщение вместо этого подчеркивает их повестку дня.

Сознательное манипулирование или убеждение других посредством обмана не является новой тактикой; однако его использование стало особенно эффективным в современном обществе.
Общение в Интернете и социальных сетях не всегда предполагает личные встречи, что облегчает манипуляторам распространение ложной информации или преувеличение информации. Манипуляторы могли бы процветать, используя такие формы общения.

4 Подталкивание Не все манипуляции вредны; иногда нам нужна помощь в принятии решений, которые принесут пользу нам в долгосрочной перспективе. Для достижения этой цели особенно полезна теория подталкивания: расширение положительного подкрепления путем мягких подталкиваний в небольших дозах с помощью различных «подталкиваний».

Исследования Скиннера, или бихевиоризм, иллюстрируют, насколько полезной может быть эта теория. Предлагая положительное подкрепление в виде вознаграждений за желаемое поведение, эта теория может подтолкнуть людей в желаемом направлении.

Один из примеров «подталкивания» можно увидеть здесь. Хотя добавление дорогих товаров может показаться контрпродуктивным, результаты на самом деле увеличили продажи второго по стоимости товара, что подтолкнуло клиентов к его покупке – и все это на благо рестораторов и их прибыли.

Ричард Талер широко считается «отцом» теории подталкивания и был удостоен Нобелевской премии по экономике за значительный вклад в поведенческую экономику. Теория подталкивания обеспечивает положительное подкрепление или «подталкивание».

Теория подталкивания может быть чрезвычайно эффективной экономической теорией; однако его применение выходит далеко за рамки экономики, поскольку оно поощряет изменения в поведении и влияет на личный выбор, а также изменяет таким образом принятые социальные нормы.

Подталкивание оказалось настолько успешным, что в 2010 году британское правительство учредило в Департаменте команду по поведенческому анализу, занимающуюся разработкой политики, обычно называемую отделом подталкивания.
«Подталкивание» может иметь очевидные преимущества для общества в целом, однако использование подобных психологических приемов для воздействия на людей может нарушать индивидуальные гражданские свободы.

5. Социальная манипуляция
Социальные манипуляции, также называемые психологическими манипуляциями, могут использоваться политиками и другими влиятельными людьми для личной выгоды. В своей худшей форме оно служит формой социального контроля, отбирая индивидуальные права людей, чтобы заставить население принять то, что им дано; но социальные манипуляции могут быть использованы положительно, если они используются для улучшения личного здоровья или благополучия.

Социальные манипуляторы используют отвлекающие методы, чтобы отвлечься от важных проблем. Их предложения, по-видимому, принесут пользу всем, включая вашу семью и ее будущее; любые иные мнения были бы неправильными и эгоистичными — при таком убеждении к людям относятся как к детям; эта система пытается убедить толпу, что за все, что пошло не так, лежит их ответственность, поэтому внимательно слушайте советы экспертов, чтобы найти решение.

Такая политическая стратегия выдвигала бы на первый план одну социальную проблему, одновременно скрывая другую, чтобы вызвать социальные волнения и панику среди населения и добиться перемен, которых оно требует. Одним из таких примеров может быть случай, когда одно ведомство хочет скрыть проблемы здравоохранения, сокращая бюджет на предупреждение преступности и тем самым увеличивая статистику преступности в геометрической прогрессии; Затем политики будут распространять информацию о решениях проблем преступности, распространяя свою правду и факты, которые не всегда могут быть точными (т.е. неправильное использование статистики).
Социальные манипуляции могут занять годы, прежде чем желаемый результат проявится.

Психологическая манипуляция является неотъемлемым компонентом социального воздействия. Профессор Престон Ни из отдела коммуникативных исследований опубликовал в журнале Psychology Today статью, в которой описывается этот метод, при котором одна сторона признает слабость другой, прежде чем намеренно приступить к созданию дисбаланса сил с целью эксплуатации жертв для личной выгоды.

Делает ли это всех нас социальными марионетками? Частично. Большинство из нас подчиняются и соответствуют ожиданиям, чтобы избежать анархии в обществе.

Задумайтесь на секунду о том, какой продукт или гаджет вам больше всего хотелось бы приобрести: друг предложил его или уже есть? Скорее всего, это что-то, что уже есть у кого-то другого или что вы видели в рекламе в Интернете, что заставляет вас хотеть этого еще больше. Это просто еще одна форма социального манипулирования; нас легко убедить, если мы ослабим бдительность; Хорошо это или плохо — решать каждому индивидуально.

Социальные манипуляции не всегда приравниваются к плохому. При правильном использовании социальные манипуляции могут принести пользу обществу в целом. Например, усилия специалистов здравоохранения, направленные на то, чтобы убедить нас потреблять больше фруктов и овощей посредством таких кампаний, как «Кампании 5 в день», или даже кампаний против курения, которые привели к сокращению числа курящих, что приводит к снижению рисков, связанных с болезнями, являются примерами успешного принуждения. тактика в лучшем виде.

Газлайтинг – самая жестокая форма манипуляции

Такие принципы, как осознание того, что вам дают ложную информацию, в конечном итоге приводят к тому, что она принимается за правду.

Газлайтинг – это неэтичная форма манипуляции; Газовые зажигалки заставляют своих жертв сомневаться в себе и терять всякую уверенность в себе, что в конечном итоге заставляет их задавать себе еще больше вопросов. Это приводит к огромным страданиям, поскольку их самооценка снижается. Газлайтинг направлен на дестабилизацию цели, создавая для нее психологический хаос. Манипуляторы будут постоянно подавлять свою цель, противоречия ей или убеждая ее, что она всегда неправа; иногда ведут их по этому пути, пока их даже не обвиняют во лжи о себе. Вот почему жертвы теряют всякую уверенность в себе; как только это происходит, они полностью контролируются властным влиятельным лицом (это пример психического насилия, обычно встречающегося в оскорбительных личных отношениях) с постоянными попытками заставить жертву сомневаться в себе и подвергать сомнению все, что она помнит, говорила или делала в прошлых взаимодействиях с этим человеком. влиятельный человек. В конце концов, даже сами воспоминания подвергаются сомнению из-за этих методов, используемых против жертвы, заставляя ее подвергать сомнению даже то, что уже было сказано и сделано в прошлых взаимодействиях с этим влиятельным лицом.

Газлайтингу требуется время, прежде чем он станет полностью эффективным; его преступник будет постепенно изматывать свою жертву, пока в конечном итоге не заставит ее усомниться в собственном здравомыслии и усомниться в том, имела ли место манипуляция.

Доктор Джордж Саймон, доктор философии, клинический психолог из Техасского университета, изучавший людей с проблемными личностями. Результаты его исследований привели его к убеждению, что некоторые личности, особенно психопаты, способны манипулировать; искажение фактов и использование агрессивных выражений с целью посеять сомнения в сознании своих жертв, заставить их сомневаться в себе и в конечном итоге поверить в правоту манипулятора; в конечном итоге становятся уязвимыми целями под его или ее контролем.

Газлайтинг не ограничивается отдельными людьми; его также использовали политические субъекты. Морин Дауд — один из таких авторов и обозревателей, использующих эту тактику.
Она утверждала, что администрация Хиллари Клинтон использовала методы газового освещения против оппонента - эти методы часто доводили Ньюта Гингрича из оппозиционной политической партии до истерики. Журналисты и

психологи также полагают, что Дональд Трамп использовал подобные методы как во время своей президентской кампании, так и во время пребывания у власти. Например, они отмечают, как часто он что-то говорит, прежде чем позже отказаться от этого или даже отрицать это; которые они классифицируют как классические методы газового освещения.
Ваш партнер обманывает и манипулирует вами

Давайте рассмотрим некоторые примеры манипуляций, возникших в личных отношениях, возможно, вы сможете распознать в себе некоторые из этих особенностей?

Манипуляторы, как правило, одержимы контролем; чем большей силой они обладают, тем глубже их зубы впиваются в жертву.

Они будут нарушать личные границы других людей, совершая такие действия, как слежка и шпионаж, или предпринимая смелые открытые действия. Чтобы они могли это сделать, вам не будет разрешено иметь в своем распоряжении ничего личного, например, телефоны или компьютеры; ваши пароли могут быть украдены без вашего ведома. Между тем, они яростно охраняют собственные границы, если их личное пространство каким-либо образом оказывается под угрозой.

Принудительные действия, такие как запрет вам видеться с определенными друзьями, могут произойти, когда кто-то отказывается поделиться тем, что принадлежит исключительно ему, например, запретить вам посещать свой собственный круг общения. Сначала они ясно дадут понять, что не любят этих знакомых, хотя в глубине души видят в них потенциальную угрозу; ревность берет свое и может даже стать агрессивной.

Если вы принимаете решения, не посоветовавшись предварительно с ними, они не будут довольны. Они не хотят, чтобы вы проявляли свободу воли, иначе это может привести к тому, что однажды вы покинете их!

Контроль может осуществляться в форме советов; однако у вас нет особого выбора, чтобы принять это. Они инструктируют вас, что делать и как действовать.
Партнеры-манипуляторы, как правило, хотят досконально знать ваш распорядок дня, и любое отклонение от него, скорее всего, побудит их продолжить ваше расследование. Если произойдет что-то, что застанет их врасплох, они обязательно будут расспрашивать об этом.

Обратите внимание, что они часто критикуют все, что вы говорите публично, и принижают ваши мнения и мысли, чтобы утвердить свою власть над вами.

Эти люди не только быстро критикуют вас, они часто делают все возможное: обвиняют вас во лжи или плохой памяти; иногда даже имею наглость назвать тебя манипулятором!

Контролирующие манипуляторы никогда не могут быть удовлетворены; когда вы думаете, что достигли этой цели, они перемещают ее еще раз, оставляя вас неуверенными в том, на каком именно уровне находятся ваши отношения.

Вы вовлечены в оскорбительные отношения? Без сомнения, отношения с манипуляторами, скорее всего, будут несчастливыми. Манипуляторы склонны к непредсказуемости и могут внезапно стать агрессивными, если их правила нарушаются.

Разрыв оскорбительных отношений никогда не бывает легким, но есть ресурсы, которые могут помочь. Как только это станет безопасным, поищите в Интернете местные организации, которые помогают жертвам жестокого обращения со стороны партнеров. Также удалите историю просмотров, поскольку манипулятору ничего не останется конфиденциальным. Поначалу это вызывает стресс, но необходимо немедленно обратиться за необходимой помощью.
Ваши друзья используют вас, чтобы манипулировать вами, заставляя вас делать свои ходы.

Без сомнения, формировать связи в новой среде может быть непросто, а иногда этот процесс может даже показаться пугающим или враждебным! Однако когда это происходит, люди часто чувствуют себя как рыба, выброшенная из воды — это чувство отчуждения никогда не следует игнорировать! Нам всем в жизни нужны друзья, и умение привлекать их следует рассматривать как важный навык, которым обладают все люди. Люди по своей природе являются социальными животными и ищут общения с другими людьми — исключений из этого правила очень мало!

Выбор друзей. Создайте идеальный профиль друзей, которых вы хотели бы видеть.

Вот три основные категории друзей:

Привет и прощание мои знакомые (друзья).

Люди, которых вы встречаете в обычной среде, например на работе, обычно становятся вашими друзьями почти автоматически, например, здороваясь и прощаясь при дневной встрече; Однако, оказавшись за пределами этого общего пространства, эти друзья (которые на самом деле могут быть только знакомыми) редко продолжают участвовать в этом взаимодействии; хотя приятно знать их и пользоваться их навыками, когда это необходимо, они не обязательно могут считаться вашими истинными союзниками (греки верят, что настоящую дружбу можно пересчитать только по пальцам одной руки - об этом следует помнить!).

Собутыльники, партнеры по гольфу и товарищи по магазинам — друзья, весело проводящие время, приходят и уходят в жизни. Они делятся с вами тем, что делает жизнь веселой, потому что они сами наслаждаются ею, часто смеются и получают удовольствие от проведения времени в компании друг друга. Хотя такие друзья не обязательно участвуют в долгих разговорах о смысле жизни или реальности изменения климата, эти слабые социальные связи, которые формируются со временем, становятся неоценимыми спутниками.
Всем нравится веселиться, поэтому, когда представляется такая возможность, все вместе получают удовольствие, хотя в их отношениях с вами мало глубины.

Душевные друзья
Это ваши друзья по телефонному звонку в 3 часа ночи — те, на кого вы можете рассчитывать, что они будут готовы поговорить, если вы потревожите их сон в 3 часа ночи! Когда эти люди будут рядом с вами в путешествии, вы не будете убивать друг друга, пока не доедете до шоссе 66!

Долгие, содержательные разговоры, общие секреты и взаимная поддержка определяют эту дружбу. Люди, которые остаются рядом с вами, несмотря ни на что, являются настоящими родственными душами; эти люди понимают вас глубоко, а вы отвечаете им взаимностью на доброту. Некоторые друзья могут быть рядом с рождения и до смерти, а других вы встретите на пути. Что отличает эти дружеские отношения от тех, которые исчезают со временем, или от обычных друзей, так это их глубина отношений. Душевных друзей найти трудно, и когда мы встречаемся снова, может показаться, что времени не прошло вообще. Вы продолжаете с того места, на котором остановились, потому что вы так хорошо знаете друг друга; как будто судьба предопределила, что это будут твои друзья. Родственные души отражают нашу личность и то, что важно в нашей жизни; более того, они всегда рядом, когда вам кто-то нужен, потому что они точно знают, кто мы.

Установление настоящей дружбы требует времени.

Настоящая дружба не возникает в одночасье. Со временем прочная и близкая дружба формируется благодаря подлинной химии между участниками. Как и романтические отношения, настоящая дружба опирается на тот же фундаментальный химический обмен, который обращается непосредственно к обеим сторонам, как внутренняя песня, которая обращается напрямую к обеим. Вы знаете, когда это реально, потому что эти связи не формируются сами по себе, а скорее существуют уже существующие реальности, которые вы осознаете и в соответствии с которыми действуете. Когда настоящие душевные друзья впервые войдут в вашу жизнь, их влияние будет неоспоримым: вы сразу поймете, что тот, с кем вы мгновенно соединитесь, предназначен для них (наряду с бытием)!

Друзья души могут сыграть неоценимую роль в вашей жизни до ее завершения, будь то физическая или духовная. Мы знаем, что они здесь, знаем, что можем взять трубку и позвонить в любое время, чтобы найти их готовыми к разговору; эти друзья действительно делают жизнь стоящей! Именно это делает их особенными и невероятно важными.

Хотя наших душевных друзей легко узнать с первого взгляда, мир часто может усложнить это. Тем не менее, однажды сформировавшись, душевные друзья остаются настойчивыми, несмотря на недоверие нашей культуры: они не перестанут искать вас и не перестанут пытаться; со временем связь между вами станет нерушимой, и вы станете союзником на всю жизнь.

Вот как вы можете научиться заводить новые знакомства:

Вы слишком много думали

Вы когда-нибудь чувствовали себя неловко, встречаясь с кем-то, но быстро почувствовали себя непринужденно в его присутствии всего через две минуты встречи? Помните, что встреча с новым человеком не дает никакого представления о его характере или поведении; поэтому для вас было бы бесполезно все переоценивать?

И опять же, предположение, что знакомство с новыми людьми будет пугающим, только вызывает у вас страх в данный момент и может превратить встречу с кем-то новым в то, что вам не нравится или не нравится вообще. Чаще всего мы испытываем застенчивость по отношению к людям из-за страха, который мешает нам построить значимые отношения, которые будут длиться всю жизнь - плохой опыт общения с другими людьми существенно препятствует этому процессу роста; поэтому крайне важно как можно скорее избавиться от этой иллюзии страшных встреч! Чтобы противостоять этой тенденции и обеспечить формирование значимых связей, мы должны отказаться от любых предположений относительно встреч с людьми, которые заставят нас бояться, насторожиться или вообще не любить их - избавьтесь от этого понятия, чтобы вы были свободны и готовы формировать значимые долгосрочные связи, которые должны длиться долго. на всю жизнь. Таким образом, было бы лучше, если бы мы избавились от этой иллюзии, что встреча с кем-то заставит нас насторожиться или произойдет отвратительная встреча; обычно ведет нас по этому пути чувства неловкости или застенчивости по отношению к кому-то (или любой происходящей встрече). Жизнь загнала нас в отдельные изолированные бункеры, что делает нас подозрительными, усложняет жизнь и попытки сформировать прочные связи могут занять десятилетия! Решение здесь заключается в том, чтобы избавиться от мифа о том, что встреча с кем-то сделает встречу с кем-то или с кем-то новым - вместо этого попытайтесь разувериться в том, что встреча с кем-то будет означать прямой страх перед ним от встречи с идеей о том, что встреча с кем-то новым означает вообще что-то делать. ...

Встреча с незнакомцами может быть сложной, поэтому перестаньте думать о том, как подойти к первому разговору; как построить значимые связи, которые могут обогатить вашу жизнь. Чрезмерное обдумывание этих важных отношений может привести к тому, что мы останемся одинокими и изолированными людьми, которые никогда по-настоящему не общаются друг с другом подлинным и длительным образом, как это предназначено людям.

Кто знает, нервничает ли другая сторона по поводу встречи с вами? В эти нестабильные времена большинство из нас чувствуют недоверие друг к другу и задаются вопросом, есть ли у кого-либо, с кем мы встречаемся, искренние мотивы и намерения, когда мы встречаемся с ним. Скорее всего, да; доверие между людьми потеряно.

Расслабьтесь и сформируйте в своем уме позитивный образ той первой встречи; тот, который изображает здоровье. К сожалению, многие могут судить вас несправедливо с первого взгляда. Каждый придерживается культурных представлений о тех, кого стоит знать. Вы, вероятно, тоже. Ключ к тому, чтобы открыться другим и позволить Вселенной соединить вас, — это открыться самому и позволить вещам развиваться органично — это творит чудеса! Друзья, которых стоит иметь, осознают, что выносить суждения, основанные исключительно на поверхностных характеристиках, неразумно. Страх живет только в нашем сознании – устраните его! Отбросьте любые предубеждения и страхи и вместо этого доверьтесь своей интуиции, чтобы эффективно читать людей. Доверяйте себе и своим знаниям — вы узнали достаточно о людях, чтобы распознавать, честны они или нет, читая их манеры, манеру речи и невербальные индикаторы, которые показывают, кто они на самом деле. Доверяйте себе и полагайтесь на себя; нечего бояться; не нужно никаких подозрений и колебаний!

Теперь вы более чем готовы окунуться в социальные взаимодействия и найти единомышленников в качестве друзей. Ваши новые навыки, приобретенные в ходе практики социальной психологии, должны значительно облегчить поиск. Очень быстро определите, кто плохой, а кто хороший. Хотя Большой Злой Волк, возможно, все еще существует, вы стали опытным и способным социально осведомленным человеком; больше не уязвимы для того, чтобы вас обманули те, кто пускает вам пыль в глаза. Ваши новые знания позволяют вам легко определить, кто из тех, кого вы встретите, может стать вашими настоящими друзьями; больше никаких догадок – теперь, когда вы понимаете суть!

Двигайтесь в своем собственном темпе
Если вы долгое время находились вне социальных контактов, знакомство с новыми людьми может показаться вам пугающим, когда вы снова начнете это делать (скажем, на семинаре или вечеринке). Делайте это в своем собственном темпе Однако вы можете избежать этой дилеммы, найдя друзей или знакомых, которые, как вы знаете, будут присутствовать на предстоящем мероприятии, и встретившись с ними перед его посещением - это успокоит вас при повторном входе в социальные ситуации. К тому времени, как вы приедете на мероприятие, ваше беспокойство должно значительно утихнуть. Знание того, что кто-то будет присутствовать, может познакомить вас с другими, в то время как ваши друзья, скорее всего, почувствуют любое напряжение, которое вы чувствуете, и окажут вам поддержку - никогда не отказывайтесь попросить кого-то из ваших знакомых о помощи; для этого и существуют друзья! Как мы обнаружили на протяжении всей этой книги, они оказывают неоценимую поддержку!

Вы хотите восстановить социальную жизнь после изоляции? Вот несколько эффективных решений, которые облегчат переход:

Начните с обращения к знакомым: «привет-пока-пока» — это простой первый шаг с минимальным риском.

Расширьте свой круг общения, включив в него небольшие группы друзей, которые у вас уже есть; просто наблюдать за тем, как люди относятся; вернуться к привычке находиться среди людей в группах, не испытывая при этом чувства устрашения или устрашения. Это не должно быть пугающим; делайте все медленно.

Расширьте свой круг общения, присоединяясь к своим друзьям на встречах, которые они посещают, с новыми людьми. Когда они услышат, что вы снова хотите вести активную общественную жизнь, большинство из них будут рады помочь!

Выйдите из своей зоны комфорта и принимайте приглашения пообщаться с людьми за пределами вашего обычного круга знакомых. Говорят, самые сладкие фрукты лежат на краю, так что выходите! Наслаждайтесь новым опытом с новыми людьми, узнавая больше о себе и других - почему бы людям не захотеть встретить кого-то столь же очаровательного и умного, как вы?

Будьте активны в общении! Используйте активный подход к знакомству с новыми людьми.

Как только вы будете готовы возобновить социальные контакты и больше не будете чувствовать себя изолированными от других, вы сможете активно искать людей, которых вы уже знаете, а также новых для вас людей. Друзья и знакомые обеспечивают основу социальных связей, но вам следует расширить свои горизонты, заглянув в незнакомые области, например:

Присоединяйтесь к группе, которая разделяет ваши хобби и другие интересы.

Зарегистрируйтесь, чтобы участвовать в семинарах или курсах обучения, которые вам нравятся, например семинары или курсы обучения, которые разделяют ваши интересы. Вам будет легко найти друзей в таких группах, где все участники разделяют общие цели.

Станьте волонтером, и вы получите удовольствие от служения и в процессе заведете новых друзей. Более того, волонтерство обеспечивает идеальный способ развития навыков и способностей, которые вы, возможно, надеялись отточить. Подобно семинарам или группам, общий интерес обеспечивает общую точку связи между членами волонтерской группы – и волонтерство ничем не отличается!
Принимайте приглашения на вечеринки по случаю дня рождения, социальные мероприятия и другие мероприятия, где могут встретиться люди, с которыми вы хотите общаться. Преодолевайте любые барьеры, которые могут помешать людям, с которыми вы хотите встретиться, выйти вперед.

Посещайте общественные мероприятия и «встречи» с людьми, которые разделяют схожие интересы. Кроме того, может помочь регулярное посещение баров; повсюду есть люди, которые просто ищут кого-то интересного, с кем можно поговорить; возможно, как и вы, они тоже хотят выхода из изоляции или социального застоя! Вы единственный, кто несет ответственность за расширение своего кругозора – никто другой не будет продвигать его за вас.

Присоединяйтесь к онлайн-сообществам — они могут быть виртуальными, но по личному опыту я знаю, что они могут привести к дружбе в реальном мире. Например, я встретил много реальных друзей через Facebook и другие онлайн-сообщества; иногда изложение своих мыслей в письменной форме облегчает общение, чем устное; это может способствовать укреплению прочных связей, которые продлятся дольше, чем первая встреча! Кроме того, вы сможете проанализировать стиль письма потенциального нового друга, прежде чем встретиться с ним!

Возьми инициативу в свои руки
Нет необходимости ждать, пока к вам подойдут люди; в конце концов, они могут быть такими же сдержанными, как и вы. Никто не рождается, зная кого-либо, кроме семьи; даже в этом случае встречи с людьми часто могут быть случайными. Просто обращайтесь к людям, задавая простые вопросы, например «как дела» и «откуда вы?». Если вы будете открыты по отношению к окружающим, это невероятно изменит то, насколько легко люди откроются вам!

Помните, что вы пытаетесь растопить лед между собой и незнакомцем, поэтому не переусердствуйте. Будьте дружелюбны, но не навязчивы, и не расстраивайтесь, если другие не отвечают сразу — по возможности ставьте себя на их место.
Используйте уроки из этой книги, чтобы оценить, где они находятся, и встретиться с ними там. Будьте осторожны, осуждая других – в какой-то момент каждый судит всех остальных! Уделяйте время общению между людьми, когда оба участника надеются на взаимное откровение.

Отвергайте любое искушение осуждать.

Никто не идеален, в том числе и вы. Человеческая природа заставляет нас довольно жестко оценивать людей, прежде чем познакомиться с ними, что проистекает из нашего инстинкта выживания и подсказывает нам избегать тех, кто потенциально может причинить нам опасность. Но современные люди имеют в своем распоряжении более эффективные инструменты, в том числе невербальные языковые навыки, которые позволяют им выявлять людей, которые не соответствуют тому, что они хотят видеть в спутнике жизни.

Оставаться открытыми для тех, с кем мы встречаемся, — это путь к более глубоким дружеским отношениям, поскольку это помогает нам лучше принимать стиль, внешний вид или отношение других людей. Не отвергать людей из-за незначительных причуд – это ключ к тому, чтобы стать более восприимчивым к тому, кто может войти в наш круг – вот в чем секрет! Иногда самый неожиданный человек со временем становится нашим самым верным другом. Каждый ищет дружбы, но должен постоянно спрашивать себя, отвечаем ли мы нашим собственным критериям, прежде чем выбирать друзей, с которыми проведем свою жизнь. Как я неоднократно заявлял в этой книге, знание себя является ключом к познанию других: не упускайте из виду решение собственных проблем, прежде чем отмахиваться от потенциальных друзей из-за их проблем!

Люди — эмоциональные существа, мало обращающие внимания на логику или рациональность, что заставляет их принимать решения, больше основываясь на эмоциях, чем на логике и рассуждениях. Это отражено в сообщениях средств массовой информации; часто изображая или сообщая о происшествиях с эмоциональной предвзятостью, которые могут вызвать аналогичную реакцию аудитории, если ее транслировать.

Важный элемент в понимании того, как люди реагируют на убедительность, лежит в эмоциях. Эмоции дают обильную энергию, которая позволяет нам выполнить любую задачу; даже продажи определяются эмоциональными стимулами, возникающими во время презентаций; не имеет значения, насколько логично вы представляете вещи; в конечном итоге потенциальный клиент должен купить ваш продукт из-за его ответов, полученных во время этих переговоров.

С другой стороны, логика опирается на факты и цифры; это обоснование и аргументация любой рассматриваемой проблемы. К несчастью для продавцов, которые при продаже товаров и услуг полагаются исключительно на логику; если их философия в большей степени зависит от эмоций, тогда продажи будут происходить легче и успешнее.

Вы верите, что люди — разумные существа? На основе каких логических указаний формируются решения и мнения? Реагируют ли люди по-разному в зависимости от постоянно предъявляемых фактов? Все это важные вопросы для любознательного человека, чтобы получить представление о том, как взаимодействуют эмоции и логика, положительно влияя на других людей. Ваша способность эмоционально доставлять логическую информацию вызовет больше откликов у вашей аудитории, чем простое изложение фактов и логики без эмоционального резонанса, что неизбежно приводит к отсутствию положительной реакции со стороны слушателей. Разум убеждает людей, а эмоции побуждают к решительным действиям, которые приносят большие результаты.

Давайте рассмотрим несколько способов влияния на других посредством сочетания эмоций и логики, например:

Установите общую идентичность с другими

Один из методов контроля над людьми — установление взаимопонимания и нахождение с ними точек соприкосновения, насколько это возможно. Популярная идиома гласит: «Чтобы запутаться, нужны два человека», поэтому, чтобы повлиять на кого-то, обе участвующие стороны должны иметь схожие цели, опыт и идеи — так это становится намного проще. Общие основания в партнерстве или отношениях, как правило, легче, когда люди имеют схожую идентичность, а не культуру, являющуюся дополнительным слоем. Когда мы создаем сходство характеров, мы становимся объединенными через общие цели и задачи, эмоциональную поддержку друг друга, логику общих убеждений, общее коллективное видение, миссия становится реальностью.

Глубокое изучение системы убеждений вашего партнера

Невозможно иметь глубокие или взаимно удовлетворяющие отношения с человеком, которого он не полностью понимает с точки зрения личностных качеств и других необходимых психологических тенденций. Однако, глубоко изучив их систему убеждений, вы сможете лучше понять их и постепенно влиять на них в свою пользу.

Поиск способов признать свои предубеждения

Повлиять на человека, придерживающегося иных убеждений, зачастую сложно, независимо от качества вашей логики. Вместо этого ищите эффективные стратегии, чтобы апеллировать к его предубеждениям, эффективно разыгрывая карту предубеждений. Как вы можете это сделать? Обращаясь к нему напрямую по этим вопросам.
Чтобы привлечь кого-то, необходимо выяснить, какие идеи и точки зрения он предпочитает, а затем представить их. При таком подходе ваша цель будет чувствовать себя спокойно рядом с вами и, скорее всего, предоставит доступ к своей личной жизни.

Избегайте борьбы или бегства в обсуждениях

Влияние на людей с помощью логики и эмоций лучше всего работает, когда встречи и дискуссии проводятся без случаев поведения «бей или беги», таких как конфликты и недопонимания в отношениях, которые приводят к бегству или драке. В такие моменты рациональность интерпретируется неверно, цели становятся неудовлетворенными, а аргументы не могут добиться прогресса в атмосфере борьбы или бегства.

Цель опытного манипулятора — сформировать нездоровые долгосрочные отношения со своей целью и сохранить над ней полный контроль, что принесет пользу только ему самому. Эффективное партнерство требует равной поддержки между его участниками. Если кажется, что один из партнеров всегда предлагает больше, это может быть явным признаком того, что ваш супруг, возможно, не честен в отношении своих намерений в ваших отношениях. Психологическая манипуляция происходит, когда одна сторона пытается создать дисбаланс власти с целью воспользоваться другим человеком. Манипуляция может проявляться по-разному, но общей чертой между ними является то, что один человек, манипулятор, получит выгоду, в то время как другой человек, обычно известный как жертва, не сможет пострадать. Некоторые люди вступают в отношения, даже не осознавая, что вступили в токсичные отношения. На первый взгляд их партнерство может показаться безобидным без каких-либо указаний на то, что в дальнейшем их ждут стрессы и осложнения при общении с манипулятором. Подобные методы принуждения позволяют манипуляторам достичь цели и взять ее под контроль, не зная ее лично. Естественно, отношения не начинаются с драмы или тактики лишения манипулятора автономии; когда они начнут свою цель, они увидят, что они идут совершенно в другом направлении; со временем этот тип подхода может стать эффективным, поскольку пройдет больше времени.

Первоначальное поведение, направленное на привлечение внимания, скорее всего, не вызовет у них никаких проблем; однако, когда их цель становится глубоко личной и важной для них обоих, это может создать некоторые препятствия на пути прогресса.

В этот момент манипулятор начинает менять стратегию. Это изменение не произойдет в одночасье, а может занять несколько недель, чтобы вовремя достичь своих целей. На этом этапе их внимание может быть настолько сосредоточено на сохранении и укреплении брака, что любые проблемы или злоупотребления упускаются из виду с большей готовностью, чем раньше.

Очевидно, есть определенные признаки, указывающие на то, что кто-то в ваших отношениях является манипулятором. Целесообразно проверить эти сигналы, если вы подозреваете, что кто-то в вашем браке может быть ядовитым, создавать проблемы или потенциально использоваться внешними силами в качестве влиятельного лица или манипулятора:

Манипуляторы будут различными способами побуждать вас выйти за пределы вашей зоны комфорта, используя социальное давление, физическую силу и психологические манипуляции, которые будут использоваться в качестве оружия, чтобы отвлечь интересы от того, чего они должны преследовать. Они становятся теми, кто контролирует ситуацию, и следят за тем, чтобы их интересы расходились с интересами друг друга. Они станут теми, кто будет иметь власть над вами на протяжении всего этого путешествия.

Как только ваша уверенность начинает снижаться, манипуляции становятся проще для любого, кто пытается вами воспользоваться. Наше доверие быстро отбирается у нас, поскольку манипуляторы быстро пользуются этим, заставляя нас чувствовать себя не такими уж хорошими и используя наши слабости для личной выгоды.

Секретное лечение. В этой технике человек берет любое незначительное пренебрежение со стороны своего манипулятора и преувеличивает его, чтобы создать для себя неприятную ситуацию и поставить под угрозу свою цель. Мы используем молчаливое обращение, предоставляя оповещения по электронной почте, уведомления голосовой почты, текстовые сообщения и электронные письма до тех пор, пока, наконец, не прекратим его, когда это необходимо. Умение держать все под контролем, зная, что лечение молчанием закончится, может только принести больше проблем для себя и всех участников.

Путешествие раскаяния. Никто не любит чувствовать ответственность, поэтому, испытывая чувство вины, мы изо всех сил стараемся облегчить его как можно быстрее. Манипулятор хорошо это знает и будет использовать все возможные оправдания, чтобы объяснить свои действия.
Нездоровые браки часто погрязают в неразрешенных конфликтах, которые остаются неразрешенными по разным причинам, при этом между партнерами не происходит контакта и нет намерения манипулятора намеренно разрешать конфликты. Если это ваша ситуация, вероятно, было бы проще и лучше, если бы вы притворились, что диалог начался или закончился, вместо того, чтобы совместно работать над решением этой проблемы.

Теперь мы можем понять, что такой подход к браку не идеален. Никто не хочет чувствовать себя пойманным в ловушку отношений, в которых другой человек всегда контролирует нашу жизнь и принимает решения за нас, а не управляет нашей жизнью независимо друг от друга. Поэтому, не используя в полной мере свои преимущества, мы должны найти кого-то, кто поддержит эту стратегию, не используя при этом самих себя. Однако, прежде чем двигаться вперед слишком быстро, мы должны сначала ответить на несколько ключевых вопросов, чтобы определить, действительно ли наш супруг манипулирует. Прочитав это руководство, вы поймете, является ли ваша дружба принудительной или нет. Некоторые меры, которые вы можете предпринять, чтобы защитить себя, включают признание ваших прав в случае возникновения одного из этих партнерских отношений. Поскольку со временем дружеские отношения могут развиваться, может оказаться сложно вспомнить, как постоять за себя, когда манипулятор игнорирует ваши потребности. Вы никогда не должны забывать, что ваши основные права всегда должны соблюдаться и всегда уважаться. В вашем распоряжении различные свободы, такие как уважение к другим, свободное выражение мнений и желаний, постановка личных целей без влияния других и отказ другим. Более того, наличие мнений, отличных от других, может обеспечить психологическую, умственную и эмоциональную безопасность и позволяет при желании жить полноценной жизнью, независимой от другого человека.

Эти привилегии могут в конечном итоге быть отняты у вас манипуляторами. Поддерживая проверки, обеспечивающие эффективное принятие решений и действия в соответствии с тем, что они утверждают, эти преимущества помогают поддерживать проверки. Но прежде чем снова войти в какую-либо ситуацию, не забудьте подумать наперед. Столкнувшись с одним, будьте наблюдательны. Серьезно отнеситесь к собственному совету, выступая против авторитетного лица, которое хочет, чтобы вы действовали против его воли. Восстановите свою свободу, сделайте глубокий вдох, разговаривая с другом-манипулятором, и попробуйте. Только ты хозяин своей жизни; так что держись подальше. Главное держаться подальше от друзей-манипуляторов — делайте все возможное, чтобы держаться подальше! Зачастую лучше всего держать их на расстоянии вытянутой руки. Если уже слишком поздно, по крайней мере, постарайтесь создать пространство между вами обоими. Предоставление им еще одной возможности узнать о вас, оценить ваши уязвимости и разработать планы использования любых будущих встреч с кем-то нечестным - это только дает им больше шансов воспользоваться вами и использовать ваши планы на будущее. Держитесь подальше от нечестных людей — первая и единственная эффективная защита. Когда вы почувствуете стимул измениться, выберите противоположный курс. Обратите внимание, что манипуляторы пытаются заставить вас чувствовать себя плохо, пытаясь воссоединиться и снова использовать вас в своих интересах. В ваших же интересах держаться подальше от этих людей; не попадайтесь в их ловушку, жалея себя или поддерживая их дело.

Дополнительный аспект поведения манипуляторов — использование ваших уязвимостей. Как только они узнают о ваших уязвимостях, он или она может полностью использовать их против вас, заставляя вас чувствовать себя неадекватно, часто наказывая себя за замешательство, вызванное ими, позволяя легко винить себя и часто постоянно наказывать себя, поскольку наказание с их стороны возрастает. Они знают, что это позволит им сохранять контроль как можно дольше, постоянно меняя цели, чтобы вы никогда не достигли установленных вами стандартов, создавая непростительную путаницу, которая позволяет им продолжать достигать намеченных целей.

Не позволяйте этой манипуляции продолжаться. Мы стремимся использовать вас и обвинять вас за любые возможные недостатки, чтобы вы продолжали чувствовать себя плохо и искали у них подтверждения, чтобы чувствовать себя лучше. Остерегайтесь утверждений манипулятора о том, что вся эта вина лежит только на вас — на самом деле вы не несете никакой ответственности; все делается просто для того, чтобы вам стало еще хуже.
Если вы сделаете компанию и свои привилегии более щедрыми, зная, почему, и научитесь говорить «нет», это уменьшит контроль манипулятора над вами. Знать, почему «да», и учиться говорить «нет» — это фундаментальные права, которые мы обсуждали ранее, однако многие не могут выразить их каждый день. Знание того, когда пришло ваше время, означает больший контроль для всех участников! Знание того, когда наступит ваша очередь, требует некоторого обучения, если вы не хотите стать частью их схемы манипуляции. Знание того, почему «да» означает «да», но научитесь говорить «нет», если это необходимо. Цель партнерских манипуляторов всегда говорить «да», несмотря на информацию и стратегии, которые они используют в отношении вас, если это позволяет им говорить «да», когда что-то не нуждается в выражении - понимание этого фундаментального права должно быть расширено, поскольку это фундаментальное право может игнорироваться во многих отношениях во время разговора. ир не уделяется достаточно внимания и не практикуется каждый день либо с помощью техник манипуляции, либо по другим причинам, когда это необходимо, не удается полностью передать его ежедневно.

Если мы боимся задеть чьи-то чувства и беспокоимся, что их отношение может измениться, если мы откажем им в помощи, то, сказав «да», мы часто можем плакать — чтобы сказать «да» кому-то другому, требуется большое мужество! К сожалению, это происходит практически регулярно. Представьте, что вы имеете дело с манипулятором. Поначалу может быть непросто научиться противостоять им, но знание того, как эффективно выступить против их манипуляций, вернет вам власть над ситуацией. Не всем понравится это решение, и вам придется бороться за сохранение своей независимости. Сказав «нет» без чувства сожаления, вы сможете вести более свободный и здоровый образ жизни в целом; пребывание в токсичных отношениях никогда не следует рассматривать как нечто положительное. Партнерство с манипуляторами предполагает вступление в отношения, основанные на удовлетворении их потребностей, с потенциальными потерями во времени для обеих сторон. К сожалению, обучение такому мышлению заставляет их не осознавать, что они вступают в такие отношения, пока не становится слишком поздно. Первым шагом в разрешении любого семейного кризиса должно стать умение распознавать признаки обмана, принуждения или других трудностей, которые могут мешать вашим отношениям. Вступление в брак требует времени и мужества, тем более что его основной целью уже давно является укрепление уверенности и самоуважения в трудные времена. Но когда все складывается успешно и цель наконец реализует свою мечту, награда может быть существенной.

Узнайте, где вы находитесь, и укрепите его; тогда вы увидите, что жизнь меняется без необходимости использовать внешний источник, чтобы сделать это за них.

Убеждение Когда люди пытаются понять, что означает слово «убеждение», их ответы часто сильно различаются. В то время как некоторые могут обратить свои мысли на рекламу или рекламные ролики, которые побуждают потребителей отдавать предпочтение определенным продуктам или услугам по сравнению с другими, другие могут обратить свои мысли на политиков, пытающихся изменить мнение избирателей, чтобы получить дополнительный голос на избирательных участках - оба примера служат этой цели. убеждения. Обе формы являются действительными примерами, поскольку эти сообщения пытаются изменить восприятие людьми обсуждаемых тем.

Темное убеждение отличается от обычного убеждения тем, что его мотивы не всегда идут на пользу тем, кого убеждают; Обычные убеждающие пытаются убеждать ради блага тех, кого убеждают, в то время как темные убеждения часто ищут выгодные мотивы, которые не всегда выгодны тем, кого убеждают. Темный убеждающий должен получить полное знание и понимание того, на кого он хочет повлиять, чтобы определить, что мотивирует его наиболее эффективно, прежде чем приступать к каким-либо убеждениям или убеждающему поведению со стороны этого человека, прежде чем приступать к дальнейшей тактике или тактике убеждения, если это необходимо.

Хотя убеждение всегда имеет моральные последствия, темные сторонники убеждения, как правило, не слишком беспокоятся об этом. Осознавая их, они по-прежнему сосредоточены исключительно на достижении своих целей.

Убеждение – повседневное психологическое явление. Вы можете либо убеждать кого-то другого, либо быть убежденным, причем ключевым моментом является мотивация. Убеждение играет большую роль в средствах массовой информации, политике, рекламе и юридических решениях - его эффективность определяется различными методами убеждения, влияющими на его предмет. Убеждение выделяется как отдельная и важная форма контроля над разумом, отличающаяся от «промывания мозгов» и гипноза, которые требуют изоляции субъекта для изменения его сознания и личности; убеждение не требует изоляции как части своей методологии.

Для достижения желаемых целей против отдельных субъектов используются манипуляции; убеждение может быть использовано и в отношении одного человека; однако крупномасштабные манипуляции потенциально могут изменить убеждения и решения целых обществ или даже сообществ.

Убеждение может оказаться более эффективным средством изменения мнения, чем прямая манипуляция, поскольку оно способно повлиять на мнение нескольких людей одновременно.

Многие люди совершают ошибку, полагая, что у них есть иммунитет против убеждений, потому что они верят, что всегда смогут увидеть каждое коммерческое предложение, которое встречается им на пути, и использовать логику, чтобы прийти к соответствующему выводу.

Люди не всегда поддаются каждому представленному аргументу, особенно если используется логика. Кроме того, убеждение может не сработать, если аргумент не соответствует чьим-то убеждениям, несмотря на то, насколько сильным может показаться его сторонник.

Но есть люди, которые понимают, как использовать убедительные сообщения, чтобы убедить других покупать новые гаджеты или продукты на рынке. Их тонкое убеждение часто остается незамеченным для цели, из-за чего им трудно сформировать мнение о предоставленной им информации.

Каждый раз, когда упоминается убеждение, люди склонны ассоциировать его с негативными ассоциациями, такими как мошенники или продавцы, пытающиеся убедить вас, что изменение вашей точки зрения принесет им пользу, и настаивают, пока это изменение не произойдет.

Убеждение можно использовать как во благо, так и во зло; двумя примерами являются убеждение в продажах и практика мошенничества, причем убеждение используется в обоих направлениях; например, между международными организациями или в кампаниях государственной службы, использующих убеждение как часть дипломатических соглашений, и кампании во имя благих целей являются примерами темного убеждения, используемого эффективно и для положительного эффекта соответственно. Все сводится к тому, как этот процесс убеждения применяется.

Стремясь изменить чье-то мнение с помощью убеждения, для достижения успеха им потребуются инструменты и стратегии для успешного применения методов убеждения.

Каждый проходящий день будет предлагать своей цели различные формы убеждения. Целью производителей продуктов питания будет убедить свою цель попробовать новые рецепты или продолжить использование старых; студии могут рекламировать свои последние фильмы-блокбастеры прямо на них.

Независимо от того, какой продукт они продают, их главная цель — увеличить продажи; отсюда и их попытки убеждения. Хотя они не учитывают, как это повлияет на вас напрямую, поэтому им приходится использовать тонкие методы убеждения, чтобы не предупреждать и не расстраивать потенциальных клиентов. Поскольку вас могут попытаться убедить несколько брендов, каждый из них должен найти свой собственный способ убедить своих зрителей в своей точке зрения.

Благодаря далеко идущему эффекту убеждения его методы изучались еще с древних времен. Влияние — это бесценный актив, который может быть использован любым человеком в самых разных обстоятельствах и культурах.

Начиная с начала 20 века, формальные исследования методов убеждения начали набирать силу. Помните, что убеждение предполагает выдвижение аргумента, который убедит аудиторию, и побуждение ее принять это послание как новый образ жизни.
Поэтому существует огромная потребность в разработкс эффективных методов убеждения.

Существует три метода темного убеждения, которые со временем доказали свою ценность, и мы обсудим их в этом разделе.
Создайте потребность
Одна из эффективных стратегий, позволяющих убедить кого-либо изменить свою точку зрения или образ жизни, — это создать или извлечь выгоду из потребности, которая уже существует у этого человека, желательно сделать это таким образом, чтобы быть для него привлекательным и желанным. Если эта тактика будет реализована эффективно и правильно, она может привести к большому успеху в достижении намеченной цели.

Чтобы добиться успеха в убеждении, сторонники убеждения должны обращаться к тому, что наиболее важно для их целевой аудитории, например, к осуществлению мечты или повышению самооценки, или к обеспечению приюта, любви или еды.

Этот подход всегда хорошо работает, поскольку предполагает, что любому субъекту требуется та или иная помощь в той или иной форме – иными словами, нет человека, нуждающегося в помощи, который не мечтает и не стремится к чему-то в жизни – уговаривающему просто нужно найти способы, с помощью которых они могут помочь жертве осуществить эти мечты более быстро и эффективно.

Убеждающие часто убеждают свою цель, что внесение определенных корректировок в их убеждения или точку зрения поможет им быстрее реализовать свои мечты, увеличивая вероятность успеха.

Пример: молодой человек, ищущий интимных отношений, может пообещать женщине, что поможет ей улучшить ее оценки и, наконец, заставить своих родителей гордиться, получив пятерку, но только если она станет его другом. Хотя эта женщина может полагать, что этот молодой человек действительно заботится о том, насколько хорошо она успевает в учебе, на самом деле он может заботиться только о том, чтобы сблизиться и заинтересовать ее в сексуальном плане - учеба - это всего лишь предлог для большего количества сексуальных контактов!

Обращение к социальным потребностям

Убеждающие могут использовать другую тактику убеждения: выявление социальных потребностей своей цели. Хотя этот метод может и не принести немедленных результатов, он по-прежнему остается бесценным активом в их арсенале.

Люди, склонные к толпе и ищущие внимания, склонны естественным образом тяготеть к ней, стремясь к принятию, объединяясь в группы или используя определенные предметы в качестве символов статуса, которые дают им ощущение принадлежности к более высокому классу.

Апеллируя к их социальным потребностям, многие телевизионные рекламные ролики добиваются успеха в апеллировании к решениям зрителей о покупке, чтобы они «не упустили». Когда рекламодатели могут выявить и апеллировать к конкретным социальным потребностям целевой аудитории, это может открыть новые области интересов для этой конкретной личности.

Слова и изображения, используемые в качестве загруженных сигналов

Когда вы убеждаете кого-то, слова имеют большое значение, и их следует выбирать осторожно, поскольку каждое из них может иметь разное воздействие. Может быть много способов сказать одно и то же, но один подход может оказаться более эффективным, чем другой.

Убеждение требует знания, когда и как сказать нужные слова в нужное время; слова всегда являются ключевыми инструментами общения, и знание подходящих слов, призывающих к действию, имеет первостепенное значение для успешного убеждения.

Темное убеждение — один из самых мощных инструментов темной психологии, однако его часто недооценивают и игнорируют. Возможно, это связано с тем, что убеждение является уникальной попыткой контроля над разумом; в отличие от своих альтернатив, которые заставляют подчиняться нежелающую цель без их участия; однако, в отличие от убеждения, целевые решения остаются открытыми с лишь ограниченным вмешательством с их стороны, иногда изолированным для влияния на результаты процесса.

Убеждение работает лучше всего, когда все карты раскрыты (хотя и со скрытыми намерениями темного убеждения), чтобы его цель могла принять решение, которое лучше всего отвечает ее интересам.

Хотя «промывание мозгов» может относиться к изменению мыслей и убеждений других людей против их воли или без их согласия, его реальное определение более широкое; оно включает в себя любые систематические попытки принуждения и убеждения, используемые для изменения отношения человека или его поведения с целью изменить модели поведения и изменить поведенческие результаты.

Тактика «промывания мозгов» уже давно используется как часть программ политической идеологической обработки, чтобы заставить людей изменить свои убеждения о политике или религиозных доктринах, особенно внутри культовых групп. В первую очередь «промывание мозгов» работает путем замены убеждений жертв теми убеждениями, которые предпочитает их похититель и которые соответствуют среде, в которой они существуют.

«Промывание мозгов» предполагает лишение человека всякой свободы, независимости и полномочий по принятию решений; нарушение повседневных привычек и поведения человека таким образом, что требует полного подчинения власти похитителя во всех аспектах. «Промывание мозгов» часто включает в себя физическое насилие, а также угрозы телесных повреждений или смерти, если это необходимо, или пожизненное заключение перед тем, как привить новые убеждения как приемлемое средство для просвещенной жизни.

Методы «промывания мозгов» направлены на то, чтобы воспитать детское доверие между жертвой и похитителем, при этом жертв поощряют признаться в прошлых преступлениях или совершить абсурдные или тривиальные ошибки из-за страха показаться виновными еще до того, как другие успеют сами подвергнуться «промыванию мозгов». Если до них промыли мозги и другим похитителям, эти люди могли бы помочь усилить этот процесс, критикуя и демонстрируя недовольство тем, что жертва сделала или не сделала, перед другими членами общества.
Как только начинается «промывание мозгов», похитители начинают получать одобрение и вознаграждение за свои действия. ПОСМОТРИТЕ ЭТО ВИДЕО, КАК ПРОМЫВАНИЕ МОЗГОВ может быть частью темной психологии

Темная психология возникает, когда кто-то использует тактику «промывания мозгов», чтобы повлиять на другого против его воли, а также манипулировать им или влиять на него против его воли. Каждый из нас обладает свободой воли, а это означает, что мы должны принимать собственные решения, свободно общаться и выбирать, с кем мы свободно общаемся; когда эта свобода отбирается силой или принуждением, это составляет темную психологию.

Люди, находящиеся в жестоких отношениях, подвержены «промыванию мозгов». Муж может запретить жене общаться с некоторыми друзьями под предлогом того, что они будут оказывать на нее пагубное влияние, тогда как она должна принять собственное решение по этому поводу по мере взросления. Или, что еще хуже, заставьте своего партнера не носить определенные виды одежды, утверждая, что они непривлекательны, чтобы они могли лучше их контролировать.

Жизнь с жестоким партнером одновременно сбивает с толку и утомляет, часто усложняя жизнь всем участникам. Они будут обвинять вас и манипулировать вами за то, за что вы никогда не входили в сферу ответственности; чтобы сохранить их удовлетворение, вы можете отдалиться от семьи и друзей, изменить свою одежду или свои политические взгляды; все сводится к их противостоянию с вами.

Оскорбительные отношения возникают, когда один из партнеров использует тактику «промывания мозгов», чтобы манипулировать своим партнером и контролировать его. В результате они становятся зависимыми от них в принятии простых решений, таких как выбор ужина. Их жизнь вращается исключительно вокруг того, чтобы сделать своего партнера счастливым любой ценой для себя; и что представляет собой любовь или как она должна выражаться, определяется исключительно ими — кто потом решает, что именно должно составлять счастье за их счет, и наоборот. Тогда их обидчик несет ответственность за определение любви, выраженной через них, а также за все плохое в жизни жертвы - от того, что необходимо улучшить, или даже за то, как им следует действовать соответствующим образом, и что представляет собой надлежащее поведение в соответствии с тем, что определяет их партнер, подвергающийся насилию. любовь должна быть выражена и определять все в жизни этой жертвы так же, как и то, чего именно хочет от нее этот обидчик в отношении поведения, в зависимости от того, как следует вести себя и какое поведение будет представлять собой уместность того, что именно эти отношения.

Злоупотребление проявляется во многих формах; чаще всего в результате эмоционального, психологического и физического насилия. Попав в их руки, жертвы зачастую не могут от них уйти.
Жестокий партнер вскоре находит способы унизить своего партнера унизительными замечаниями и оскорблениями, чтобы продолжить

«промывание мозгов» и насилие. Для их собственного психологического выживания иногда будут периоды, когда их обидчик останавливается и проявляет доброту к своей жертве, создавая травматические привязки, которые заставляют жертву хотеть сделать своего обидчика счастливым, чтобы в ответ к ней относились с теплотой и добротой.

«Промывание мозгов» относится к темной психологии, поскольку его жертва оказывается в ловушке собственной жизни. Контролирующий партнер в отношениях может лишать своего партнера такие ресурсы, как автомобили, деньги или еда, превращая его или ее в пленника в своем доме, вызывая у них страх и изменяя то, как они воспринимают мир вокруг себя.

Жизнь жертв «промытых мозгов» поглощается мыслями о том, чтобы доставить удовольствие своему обидчику, даже без применения к ним физического насилия. Даже без физического насилия их жизнь продолжается в тени присутствия обидчика; в результате психологические эффекты, такие как тревожные расстройства и депрессия, часто проявляются как симптомы. Коротко о процессе «промывания мозгов»

«Промывание мозгов» — это систематический подход, направленный на лишение личности человека, изменение убеждений, отношений и ценностей, а также изменение мыслительных процессов. Манипуляторы используют различные шаги или этапы в качестве инструментов «промывания мозгов» своим жертвам.

Вина
В отношениях манипуляторы постоянно выбирают аргументы, в которых их жертвы выступают в роли обидчиков, вызывая у них чувство вины за каждое разногласие и заставляя их чувствовать стыд за все - это первый этап промывания мозгов человеку.

Самопредательство
Принуждение к осуждению семьи и друзей разрушает самоощущение и усиливает чувство вины; эти ощущения служат освобождению от прошлого и созданию пространства для создания новой идентичности.

Переломный момент
Когда жертвы физического, словесного и психологического насилия чувствуют, что предали себя и чувствуют себя виноватыми, они могут достичь критической точки и потерять сознание эмоционально и психологически. Бесконтрольный плач и приступы паники могут быть признаками того, что внутри них что-то

вырвалось; психологически они боятся, что полностью теряют себя, и живут в постоянном страхе потерять себя полностью.

Когда жертва чувствует себя бессильной перед собой, угнетатель предлагает доброту в качестве передышки от нападок на то, кем они являются. В такие моменты, когда свет появляется там, где была тьма, жертвы чувствуют глубокую благодарность к нападавшим – преднамеренный шаг со стороны обидчиков, прежде чем начать снова атаковать их.
В то время, когда жертвы благодарны своему обидчику за то, что он помог им добраться до безопасности, более жесткая сторона обращения с ним часто кажется более серьезной. Они могут чувствовать, что должны что-то в ответ, и чувствовать себя обязанными отплатить за его доброту - часто признаваясь в своих предполагаемых ошибках, чтобы облегчить чувство вины, которое они могут чувствовать.

Направление вины
Любые чувства вины и стыда, которые испытывает жертва, скорее всего, осложнятся усилением нападок на ее личность, в результате чего она не будет знать, какие действия или решения заставили ее поверить в свои совершенные действия, и поверит, что вместо этого она должна нести ответственность. Как только обидчик чувствует, что у него есть чувство вины, он использует его для себя, обычно убеждая жертву, что она прожила жизнь, полную плохих решений и идеологий; предлагая вместо этого открыться новым перспективам, чтобы измениться.

Логическое бесчестие Жертва часто считает, что ее вина лежит на идеологиях, навязанных извне; учителя и идеологии становятся объектом обвинений вместо того, чтобы увидеть какие-либо манипуляции. Признания становятся одним из способов облегчения вины, поскольку человек мысленно отвергает любые действия, совершенные в рамках этих «неправильных» идеологий, тем самым символически дистанцируясь от них и тем самым полностью дискредитируя эти представления о неправильной идеологии.

Прогресс и гармония
Отказ от старых идеологий создает возможность для возникновения прогресса и гармонии, поскольку те, кто выступает против них, теперь должны искать альтернативные взгляды, чтобы заменить их. Если они кажутся совместимыми и соответствующими их потребностям, процесс значительно ускоряется, обеспечивая мир на своем месте. В этот момент преобладает спокойствие, заменяющее любой дискомфорт.

В качестве наказания к захваченным внезапно стали относиться как к героям, а добросердечные люди были приняты в качестве заменителей греховных идей в их старой идеологии.

Окончательное принятие и возрождение

Как только они столкнулись с резким контрастом между прошлой болью и будущими обещаниями, представленными их новой идеологией, жертва полностью отказалась от всякой верности старой идеологии, раскрыв все оставшиеся секреты; в этот момент они полностью овладели своей новой идеологией.

Возрождение относится к этому процессу и, в зависимости от идеологии, может включать в себя обряды перехода, которые полностью запечатывают человека в новом порядке. Они могут включать в себя громкие заявления о принятии новых идеологий и присягу на верность новым лидерам.
«Промывание мозгов»: изучение его последствий

«Промывание мозгов», как объяснялось ранее, включает в себя изменение образа мышления, убеждений и отношений человека с целью контролировать его поведение и получить контроль над ним. Эта практика часто применяется в интересах манипуляторов, но может иметь разрушительные последствия; Существуют различные формы воздействия «промывания мозгов», такие как:

«Промывание мозгов» оказывает разрушительное воздействие на самооценку жертвы. Они чувствуют, что не соответствуют требованиям и что все, что они делают, недостаточно хорошо, что ведет их на путь самоубийства или депрессии.

Тревожные расстройства. Человек, подвергающийся «промыванию мозгов», часто теряет чувство идентичности и оказывается изолированным от самых близких ему людей. Вынужденные измениться по сравнению с тем, кем они были раньше, жертвы постоянно беспокоятся о том, чтобы не сделать что-то неправильное, и у них могут развиться тревожные расстройства, которые влияют на внешнее поведение.

Депрессия. Жертвы с промытыми мозгами, как правило, изолируются от близких и остального мира, их внимание сосредоточено исключительно на том, чтобы доставить удовольствие своему похитителю и получить любую доброту, которую он предлагает взамен. Когда не с кем поговорить, а их чувства игнорируются всеми окружающими, может возникнуть депрессия, препятствующая отношениям с другими людьми.

Отсутствие самооценки. Постоянного оскорбления и критики со стороны похитителя достаточно, чтобы заставить жертву поверить в то, что они бесполезны, и бояться принимать какие-либо решения, потому что их учили, что они недостойны.

Жизнь в страхе. «Промыватели мозгов» используют тактику страха, чтобы влиять на своих жертв, заставляя их бояться, что за углом поджидает что-то плохое и что жизнь в целом небезопасна и недружелюбна. Их жертва живет с постоянным беспокойством о том, что каждый человек может представлять опасность, если выйдет на улицу, в то время как похитители угрожают последствиями против своей жертвы, если он или она не сделает то, что требует их похититель.
Изменение убеждений. Основная цель похитителя — сформировать убеждения своих жертв, чтобы контролировать их поведение и держать их под контролем. Неважно, была ли их вера этичной; пока это противоречило его или ее идеологиям или убеждениям, это было недостаточно хорошо.

В зависимости от намерений похитителя или агрессора, «промывание мозгов» оказывает различное воздействие на жертв в зависимости от его применения. Поэтому крайне важно выявить любые методы и уловки, используемые потенциальными преступниками, чтобы не стать жертвой методов «промывания мозгов», используемых практиками темной психологии. Ниже приведены несколько таких техник, которые обычно можно увидеть на сеансах темной психологии.

«Промывание мозгов» происходит, когда отдельные лица или группы используют закулисную тактику, чтобы влиять и убеждать других против их воли изменить свои убеждения без их согласия, часто используя психологические методы, такие как темная психология. Методы влияния и убеждения, используемые против их воли, также известны как тактика «промывания мозгов», поскольку они включают в себя закулисную тактику, используемую отдельным лицом или группой в попытке «промыть мозги» другому. В то время как люди испытывают убеждение каждый день, когда это становится принудительным изменением без согласия, это становится промыванием мозгов и против них начинают использоваться тактики темной психологии, это может включать в себя любое количество тактик, применяемых против своих жертв различными сторонами, в том числе:

Изоляция. Начальный этап «промывания мозгов» обычно влечет за собой изоляцию жертвы от семьи и друзей. Полностью изолируя их от общества, манипулятор хочет, чтобы у их жертвы не было никого, с кем она могла бы поговорить о своей тактике манипулирования; в противном случае их авторитет был бы оспорен третьими лицами, предоставляя оппоненту больше информации из различных источников, чем они сами.

Атака самооценки. Когда жертвы изолированы, манипуляторам легче сломать их и восстановить заново в соответствии со своими желаниями. Однако для успешного «промывания мозгов» жертвы должны сначала почувствовать свою неполноценность по отношению к манипулятору, и это часто включает в себя насмешки, запугивания или издевательства со стороны последнего, что еще больше снижает самооценку жертв, которые чувствуют себя полностью уязвимыми, прежде чем сами станут жертвами.

Психическое насилие. Манипуляторы часто применяют психологические пытки, чтобы «промыть мозги» своим жертвам, например, лгать о них перед другими, чтобы они выглядели глупо, а также травлю или лишение своих жертв какого-либо личного пространства, чтобы они чувствовали себя в их ловушке. .

Физическое насилие. Манипуляторы используют различные физические методы для подчинения своих жертв и воздействия на них, в том числе лишения их еды или доступа к источникам воды.
Манипуляторы часто лишают своих жертв сна, применяя к ним насилие, лишая их еды и сохраняя в комнате холод. Манипулятор может также использовать тонкие способы «промывания мозгов» своим жертвам; например, поддержание повышенного уровня шума, постоянное мерцание света или намеренное изменение температуры в помещении.

Повторяющаяся музыка. Согласно исследованиям, воспроизведение повторяющихся ритмов может вызвать у людей гипнотическое состояние. Манипулятор, понимающий эту технику, может использовать эту тактику против своей жертвы. Ритм музыки может изменять сознание до тех пор, пока манипулятор не сможет использовать эту тактику и говорить прямо в ваше подсознание, заставляя ваш мозг немедленно реагировать новыми предложениями, автоматически меняя поведение.

Контакт разрешен только с другими людьми, которым промыли мозги. Манипулятор разрешает своей жертве контактировать только с другими жертвами своей манипулятивной кампании, надеясь, что давление со стороны других жертв убедит их жертву подчиниться его или ее новому образу мышления. Чувствуя себя одинокими и изолированными, жертвы склонны прислушиваться к предложениям других, чтобы чувствовать себя принятыми и чувствовать себя менее одинокими.

Мы против них. Когда манипуляторы вводят динамику «Мы и Они», кажется, что они дают своей жертве выбор между собой и предполагаемыми врагами; все в попытке добиться от них полного послушания. Показав отрицательные стороны других, манипуляторы ожидают, что их жертва выберет себя, а не их, а не других.

Любовная бомбардировка. С помощью этой тактики манипулятор приближает свою жертву, демонстрируя физическую привязанность посредством прикосновений, обмена интимными мыслями, эмоциональной связи и проявления доброты. Эта тактика используется, чтобы показать жертве подтверждение того, что присоединение к их группе было правильным решением, стирая любую привязанность, которую они могут испытывать к кому-либо снаружи.

Промывание мозгов редко служит общему благу. Большинство манипуляторов используют такую тактику, чтобы получить полный и тотальный контроль над своими жертвами.
«Промывание мозгов» может иметь разрушительные последствия для жертв. Они быстро теряют всякое чувство себя и живут, чтобы доставить удовольствие своему похитителю; простые вещи, которые мы считаем само собой разумеющимися, например, выбор того, что и когда надеть, взяты из них; любые решения, которые они в противном случае могли бы принять, у них отбираются - все это для того, чтобы манипулятор почувствовал себя недостойным и благодарным за то, что они завоевали его расположение.

Первый шаг во избежание «промывания мозгов» — это узнать о тактике манипуляторов и их особенностях, чтобы распознавать, когда кто-то пытается «промыть мозги» вам или кому-то из ваших близких. «Промывание мозгов» — это агрессивная форма темной психологии, в которой манипулятор использует эту тактику для личной выгоды, игнорируя при этом чувства или благополучие своих жертв.

Глава 10: Методы, которые позволят вам предвидеть отношение других людей

Теперь, когда вы понимаете, как другие причинили вам вред, пришло время использовать эти знания во благо. Независимо от того, что вы думали в прошлом о своем мозге и способностях, теперь вы понимаете, что обладаете невероятной силой, данной вам при рождении, — способностями, которые можно или нельзя легко использовать. Некоторым может быть трудно осознать, кто они на самом деле и свои цели в жизни, и это совершенно нормально; слишком усердные попытки могут ограничить наше мышление и помешать появлению новых идей. Независимо от того, какие чувства другие люди вызывали у вас в прошлом, их действия не определяют, кем вы являетесь сегодня. Извлекайте уроки из своей истории, оставаясь верными тому, кто и откуда вы родом. Отпустите любую боль, которую вы почувствовали, чтобы начать исцеляться и двигаться в более позитивном направлении.

Убедитесь, что вы уделяете достаточно времени тому, чтобы хорошо узнать людей, не делая о них никаких предположений. Чем лучше вы понимаете, кем на самом деле являются люди по своей сути, тем легче вам будет оказывать на них положительное влияние. Даже когда вы чувствуете себя потерянным и растерянным, копание внутрь или вовне может открыть более значимые истины; когда вы слишком быстро делаете предположения или навешиваете ярлыки на людей, это только ограничит вашу способность к росту и лучшему пониманию мира.

Общение будет иметь ключевое значение. Хотя это может быть страшно и сложно, говорить правду в конечном итоге будет полезно для более эффективного поиска решений проблем.
В конце концов, высказавшись и поделившись своей правдой, вы почувствуете себя намного лучше — и вам, и другим будет полезно услышать, что у вас на уме и на сердце. Не пытайтесь убедить другими способами, кроме общения. Не утаивайте ничего от тех, кто может в чем-то нуждаться; манипулирование другими таким образом не приблизится к достижению долгосрочных изменений по сравнению с обсуждением вещей посредством диалога и обсуждением всего этого с другим человеком.

Сейчас настало время использовать всю боль, которую вы испытали, с пользой. Все привело к тому, где вы находитесь сегодня, самые темные моменты, которые казались бесконечными, прошли, и все те времена, когда вы не хотели ничего, кроме побега, привели вас туда, где вы находитесь сегодня. Хотя вы, возможно, никогда не захотите повторить этот опыт снова, научитесь быть благодарным за него, поскольку без него ваше будущее, скорее всего, будет выглядеть совсем иначе и менее полезным для других.

Сейчас самое время заняться тем, чего вы, наверное, желаете больше всего — влиять на других! В современном обществе убеждение играет ключевую роль, и неспособность убедить определенных людей может помешать вам реализовать то, чего вы действительно желаете в этой жизни. Поэтому понимание того, кого вы хотите убедить, имеет первостепенное значение — будь то убеждение мужа в том, что вы готовы к детям, или убеждение всей команды продаж из 100 человек в том, что важно прилагать больше усилий для увеличения продаж; их понимание начинается со знакомства с тем, кто они такие, и с их стилем работы, прежде чем обращаться к ним напрямую и пробовать их лично!

На этом этапе важно сначала понять их происхождение: возраст, гендерная идентичность и местоположение — это всего лишь несколько вопросов, на которые следует обратить внимание при разработке стратегий убеждения, соответствующих вашим интересам. Точно отвечая на такие вопросы, формирование стратегии убеждения становится намного проще.

Определенные различия будут играть существенную роль в этой ситуации. Например, предложить 20 долларов своему 18-летнему парню существенно отличается от того, чтобы попросить то же самое у 80-летней бабушки. Чтобы эффективно убеждать людей, крайне важно, чтобы вы понимали как их общие характеристики, так и их уникальные индивидуальные характеристики, например, те, которые составляют их личностные качества.

Как только вы поймете их интересы и то, что делает их счастливыми, следующим шагом должна стать оценка того, что будет стимулировать продажи, если это необходимо, например, скидки, бесплатные подарки или другие вознаграждения за то, что вы являетесь клиентами.
Как только вы поймете, что им нравится и не нравится, следующим шагом должно стать определение того, что им не нравится, например, длительные сроки возврата после покупки, скрытые платежи или невозможность персонализировать их продукты. После идентификации действовать соответствующим образом становится просто; всякий раз, когда что-то их оскорбляет, предложите то, что им нравится, в качестве решения; хотя это кажется очевидным, многие, кто пытается влиять на других, упускают из виду этот шаг.

Наконец, убедитесь, что вы внимательно следите за тем, как общаются другие. Поняв эту динамику, вам станет намного проще выражать свои мысли с ними

одинаково. Всегда слушайте, что говорит другой человек, и предоставляйте ему возможность высказаться. Обращайте внимание не только на то, какие слова они используют, но и на их лица, когда они делятся с вами информацией. Если кто-то чувствует, что его игнорируют, он может отвернуться и с гораздо меньшей вероятностью его уговорят в долгосрочной перспективе - в следующем разделе мы рассмотрим эту тему глубже и то, как лучше всего вы можете способствовать здоровому взаимодействию в жизни.
Понимание основ общения

Общение может быть сложной задачей для всех нас. На первый взгляд это может показаться легким — просто откройте рот и начните говорить, — но многим трудно выразить свои чувства только словами, даже если они могут испытать это сами. Но чем более эффективным будет общение в жизни, тем легче станет жизнь и счастливее будут результаты.

Чтобы улучшить свои коммуникативные навыки, помните, что их улучшение требует практики. Не существует волшебной таблетки или секретного способа мгновенного улучшения — чтобы стать лучше, вы должны постоянно взаимодействовать с другими людьми посредством разговоров — будь то с бариста в кафе или с незнакомцами на автобусных остановках, начинать небольшие разговоры лучше всего в самом начале — не Однако, чтобы не беспокоить других людей, просто ищите способы, с помощью которых вы можете четко сформулировать свой голос, помимо стандартного «как дела?».

Убедитесь, что вы эффективно передаете свои чувства самому себе. Даже когда мы одни, иногда наши эмоции все еще не имеют для нас полного смысла. При необходимости начните ежедневно записывать свои эмоции; чем больше вы сможете проработать их самостоятельно, записывая возникающие эмоции, тем легче вам будет управлять ими самостоятельно и эффективно делиться ими с другими.

Начиная убеждать других, будьте осторожны со своими словами. Не принуждайте кого-либо что-либо делать и не ставьте его в ситуации, в которых он чувствует себя бессильным остановить себя – избегайте таких фраз, как «Тебе следует сделать это». Никто не любит, когда ему говорят, что делать!
Говорить сначала о себе может показаться нелогичным, но люди будут реагировать более позитивно, подхватывая примеры, а не слушая, как вы напрямую диктуете их поведение. Например, предположим, вы хотите убедить своего супруга начать вставать раньше, чтобы уменьшить стресс из-за опозданий каждое утро; вместо того, чтобы говорить что-то вроде: «Тебе следует вставать раньше», вы могли бы вместо этого сказать: «Начав раньше, я

обнаружил, что, испытывая меньший стресс во время утренней поездки на работу и вставая раньше, я значительно снизил уровень стресса и помог уменьшить мой утренний стресс перед работой!»

Если вы позволите другим поверить, что ваша идея принадлежит им, это обеспечит большую убедительность; людям нравится чувствовать, что они придумали это сами, а не вынуждены принимать что-то против своей воли. Позвольте им разобраться в этом самостоятельно, чтобы они могли сами оценить его преимущества и недостатки — так вы создадите более эффективное убеждение, а не навязываете им что-то.

После этого будьте особенно осторожны со своим тоном и языком тела, создавая среду, в которой они будут чувствовать себя непринужденно рядом с вами. Проявление доброты, любви и сострадания позволит им лучше относиться к вам; не чувствуйте себя вынужденным использовать жесткие и резкие стратегии общения только для того, чтобы люди делали то, что вы хотите - вместо этого попробуйте быть добрыми и нежными, и они отреагируют лучше!

Наконец, убедитесь, что вы относитесь к тем, на кого пытаетесь повлиять, с уважением. Не заставляйте их стыдиться или смущаться рядом с вами, если они скажут что-нибудь глупое; Вместо этого созидайте их, и они ответят взаимностью на такую доброту.
Как превратить негативную манипуляцию в позитивное убеждение

Теперь вы должны быть экспертом в области психологии базового уровня! Все начинается в нашем сознании и проявляется по-разному для каждого человека. Чтобы по-настоящему достичь того, чего вы желаете в этой жизни, очень важно начать изучать других людей и то, как работает их мозг; в противном случае вы рискуете в свое время понести непоправимый ущерб.

Возьмите все методы манипулирования, которым вы научились в прошлом, и используйте их сейчас во благо. Учитесь на своем негативном опыте, чтобы использовать его в качестве поучительного опыта о том, как не обращаться с другими. Чтобы превратить негативные манипуляции в позитивное убеждение, начните с добрых намерений, стоящих за тем, на что вы хотите, чтобы другие согласились - конечной целью любых переговоров между вами обоими должно быть что-то взаимовыгодное между обеими сторонами. Внимательно слушайте, разговаривая с другими людьми об их потребностях, чтобы вы могли достичь соглашения, при котором оба могут получить положительные выгоды взамен от обеих участвующих сторон - таким образом, обе стороны выигрывают с точки зрения положительных выгод одновременно!

Убедитесь, что вы отдаете приоритет удовлетворению потребностей других, а не своим собственным. Конечно, в первую очередь важно позаботиться о себе, но незнание того, что чувствуют другие, никому не принесет пользы в долгосрочной перспективе.

Инфлюенсеры – это лидеры. Если у вас есть хорошие идеи, которыми вы хотите поделиться с другими людьми, и вы желаете, чтобы они извлекли пользу из того, что вы знаете, крайне важно, чтобы вы развивали и оттачивали позитивные лидерские способности.

Другие не должны рассматриваться только как ваши инструменты. Другие могут помочь, но и вы должны помочь им. Великий лидер знает, как мотивировать других, не насилуя их волю; другими словами, предоставляя что-то полезное взамен. Хотя вы можете найти кого-то, кто готов помочь в осуществлении вашей мечты, будьте осторожны, поскольку это не принесет никаких затрат и не принесет пользы ни вам, ни вам.
Ваши убеждения также должны быть частью этого пути, если вы хотите добиться чего-то значительного в жизни. Выровняйтесь и сосредоточьте их вокруг этой системы, и ваш успех неизбежен!

Обязательно используйте инклюзивный язык, разговаривая с другими, используя при этом язык «мы» и уверенность. Вероятно, они будут уделять больше внимания, если сами станут частью этого процесса.

На этом этапе вашего развития ключевым компонентом является установка на рост. Ограничение наших мыслей приводит к тому, что мы реализуем меньший потенциал в жизни, поэтому будьте в курсе исследований, связанных с убеждением, манипуляцией и психологией в целом, а также подписывайтесь на информационные бюллетени или журналы о человеческом мозге, чтобы получить более глубокое представление о нем. его работа.

Регулярно проверяйте свое здоровье. Неспособность заботиться обо всех аспектах себя может серьезно подорвать функционирование вашего разума по мере того, как мы становимся старше, поэтому сейчас самое время подготовить свой разум соответствующим образом. Практикуйтесь сохранять открытость и внимательно слушать при общении с другими; продолжайте учиться, потому что чем больше знаний вы соберете, тем больше вам еще предстоит открыть.

Никогда не используйте агрессию и уговоры. Хотя страх может временно заставить людей делать то, что вы хотите, никогда не следует добиваться долгосрочного уважения только с помощью методов страха. Проявите свое сострадание и лучше поймите других, чтобы они слушали более внимательно, когда делятся тем, что у них на уме.

При анализе другого человека язык тела имеет ключевое значение. Они высокие или сутулятся? Наблюдение за чьими-то глазами, лицом и руками может многое рассказать о том, кто они на самом деле — например, вы можете заметить, что человек, который кажется уверенным в себе, на самом деле может страдать от беспокойства, если вы начнете обращать на него внимание. Вы также можете обнаружить, что кто-то, кому вы доверяли, лгал вам!

Выяснить, что отличает человека от других, и понять, почему он ведет себя определенным образом, может быть непросто, но со временем вы начнете лучше понимать, почему кто-то ведет себя таким образом. Хотя ни один человек никогда не будет полностью понят, вы, по крайней мере, сможете начать понимать, почему некоторые действуют именно так.

Как только вы сможете успешно проанализировать кого-то, следующим шагом должно стать убеждение его в вашей точке зрения или требованиях. Убеждение является ключевым моментом в попытке получить от жизни то, что вы хотите или, по крайней мере, заслуживаете от других; Как мы обсуждали в первой книге, чтение ничего не даст, если не будут предприняты действия — хотя поначалу осознание себя может быть пугающим, этот шаг необходим для осознания других вокруг вас и становления эффективными коммуникаторами.

Люди часто слепо следуют за другими, никогда не углубляясь в себя, не подвергая сомнению свои мысли и не прилагая для этого честных усилий. Хотя на первый взгляд это может быть сложно, очень важно исследовать нашу психику, чтобы жить более счастливой и здоровой жизнью.

Напомните себе, что позволять другим влиять на вас по-прежнему полезно и нормально! Подумайте обо всех великих лидерах по всему миру, которые, возможно, вдохновляли других, вдохновляя позитивную страсть и мотивацию в тех, кем они руководят — многие делали именно это, думая о вас!
Никто не виноват, если поддается чужому влиянию; что сейчас будет иметь значение, так это то, придет ли это влияние в форме позитивного и воодушевляющего вдохновения, а не в форме манипуляции со стороны кого-то, кто стремится причинить вам вред.

Путешествуя по жизни, помните об этом как о ключевой цели: всегда используйте свой мозг во благо! Хотя иногда это может быть сложно, это всегда лучшее решение. Даже если другим легко манипулировать, не пользуйтесь такими возможностями, чтобы манипулировать кем-то. Хотя может показаться, что это их вина за недостаточную осведомленность, никогда не предполагайте этого; некоторые люди столкнулись с вещами, из-за которых стало сложнее освободиться от старых стереотипов и найти более здоровые решения, чтобы справиться с эмоциями и мыслями.

Всегда помогайте другим, а не вредите им. Даже те, кто, возможно, обидел вас в прошлом, не должны становиться объектом вашего гнева; используйте свой интеллект во благо, помогая сделать мир лучше, оказывая здоровое влияние, и вскоре вы обнаружите, что все, чего вы когда-либо желали, произойдет на вашем пути.

Бонус главы

Все достижения успеха начинаются с мозга

Отдельный анализатор или читатель может быстро расшифровать личность человека по различным признакам, включая то, чем он или она занимается в свободное время. Например, участие в общественных акциях, волонтерская деятельность и участие в церковных инициативах могут свидетельствовать о их благотворительности. С другой стороны, бесконечные вечеринки или просмотр телевизора могут указывать на низкие амбиции и мгновенное удовлетворение; даже, казалось бы, тривиальные привычки многое говорят о том, кем на самом деле являются люди.

Как психология влияет на нашу жизнь

Психологи расходятся во мнениях относительно того, определяется ли наше поведение исключительно генетикой или наследственностью; другие считают, что наш опыт с рождения играет ключевую роль. Другие придерживаются мнения, что наше непосредственное окружение или опыт формируют наше поведение - например, если кто-то подвергается постоянному насилию, в результате его поведение может измениться. Например, если человек постоянно подвергается насилию, его поведение может соответствующим образом измениться;

По мере того, как они вырастают и испытывают маргинализацию и расизм из-за своего класса или расы, они могут начать презирать более богатых людей или, казалось бы, высшие расы, одновременно сочувствуя угнетенным.

Аналогичным образом, дети, которые в детстве подвергались постоянным издевательствам, жестокому обращению или преследованиям, могут сами вырастить хулиганами. Их мировоззрение, ценности, личность и отношение, вероятно, будут сформированы таким ранним опытом насилия и жестокого обращения в молодости.

Встречались ли вам люди, которые, кажется, стремятся прочитать свою личность через знаки зодиака или астрологию? Не является ли это показателем низкого самосознания и понимания? Например, люди склонны тяготеть к вещам, которых им не хватает; Тот, кто был лишен адекватного родительского внимания в раннем детстве или подростковом возрасте, во взрослой жизни может стать человеком, который наслаждается драмой и стратегиями поиска внимания, возможно, со временем становясь все более драматичным и эффектным.

Люди-анализаторы должны быть внимательны к тонким намекам, которые могут выдать то, кем на самом деле является человек. Вокруг нас можно найти множество знаков; все, что вам нужно делать как аналитику, — это быть начеку. мы

Наш разум можно разделить на три отдельных слоя: сознание, подсознание и бессознательное. В то время как сознательное осознание включает в себя мысли, действия, знания и опыт только на основе сознательного осознания, подсознание и бессознательное — это области внутри разума, которые могут содержать информацию, о существовании которой мы не осознаем; посредством сознательного осознания ума мы получаем осознание всех восприятий, чувств, концепций или идей, собранных из нашего непосредственного окружения, которые в противном случае могли бы остаться для нас невидимыми или неизвестными.

Однако когда дело доходит до нашего подсознания и бессознательного, мы обычно очень ограниченно осознаем все их мысли, идеи, концепции и информацию, хранящуюся там. Наше сознание показывает лишь часть своей сложности; Под его поверхностью находится множество слоев, которые влияют на нашу личность и поведение без нашего ведома.

Если вы хотите стать эффективным HR-аналитиком, начните с себя. Оцените, насколько много вы знаете или насколько хорошо вы понимаете себя, свою личность или модели поведения, включая любые триггеры, определяющие ваше поведение – какие убеждения, страхи, мотиваторы или ценности могут управлять таким поведением?

Как только вы поймете себя, различные личности и поведение, начните изучать личности близких друзей и членов семьи. После завершения этого шага попытайтесь понять незнакомцев, например тех, кого вы видите во время ожидания в клинике или в аэропорту, а также людей, которых вы впервые встречаете на вечеринках или во время повседневного общения - продолжайте практиковать этот навык, пока он не станет естественным и не научитесь читать. люди быстро и эффективно, как эксперт!

Эмоции и поведение человека

Эмоции — это мимолетные переживания, которые мы получаем как часть умственной деятельности. Хотя на первый взгляд эмоции могут показаться рациональными или логичными, иногда наши реакции остаются эмоциональными, несмотря на доказательства против того, что другу угрожают или обвиняют. Например, даже когда представлены доказательства правонарушений с их стороны.

Даже когда кто-то предает нас за нашей спиной, мы остаёмся верными и больше доверяем ему.

Мы, люди, склонны действовать импульсивно, а не рассуждая. На поведение людей сильно влияют эмоции. Понимание их дает нам возможность понять и предсказать их действия, черты личности и модели поведения.

Психологические теории

Классическая обусловленность — это широко распространенная психологическая теория, согласно которой люди учатся, связывая определенное поведение с вознаграждениями или подкреплениями, такими как угощение. Тот же принцип часто используется при дрессировке животных — например, когда награждаете собаку лакомством каждый раз, когда она достает мяч! Неизбежно принесение станет ассоциироваться с угощением для вашего питомца; в конце концов он узнает, что если он хочет угощения, его нужно принести!

Классическая обусловленность играет большую роль в нашей жизни. С самого рождения мы ассоциируем плач с тем, что нас кормят и поддерживают в чистоте; постоянно учиться, чтобы получать хорошие оценки в школе. Классическая обусловленность влияет на все аспекты жизни: младенцы учатся, что плач означает, что их покормят или помоют; Студенты обнаруживают, что прилежная учеба приводит к хорошим оценкам. Таким образом, классическая обусловленность остается влиятельной на протяжении всей жизни: как личности мы учимся реагировать на определенные стимулы определенным образом, что составляет один из ключевых определяющих факторов, когда дело доходит до анализа поведения.

Поведение человека и физиология.

Исследования показывают, что люди демонстрируют специфические физические реакции на раздражители, которые можно использовать в качестве индикаторов при их анализе. Криминальные психологи обычно используют этот принцип для понимания криминальной психологии и того, что побуждает преступников совершать преступления; с помощью биометрических технологий следователи пытаются выяснить, совпадают ли подозрительные мысли с действиями.

Сочетание психологических и физиологических методов является мощным инструментом для раскрытия мотивов человеческого поведения. Наше тело демонстрирует особые физиологические реакции, когда кто-то занимается

обманом или ложью, например, расширенные зрачки, потливость или другие признаки того, что он может вводить в заблуждение или лгать.
Частота сердечных сокращений увеличивается, увеличивается сердцебиение, увеличивается потоотделение и подергивание пальцев ног происходит чаще, когда вы чувствуете угрозу или дискомфорт. Анализ людей с использованием физиологических или невербальных подсказок может обеспечить более точный анализ; однако, как и все формы анализа, он никогда не может быть на 100% надежным.

Однако не все формы общения способны убеждать людей, поскольку некоторые могут просто служить для развлечения или предоставления информации. Убеждение также может использоваться как сомнительное средство манипулирования другими; попытки убедить других могут даже считаться отталкивающим поведением. Убеждение следует отличать от общения, поскольку его причина вызывает изменения в поведении как следствие или реакцию.

Здесь мы рассмотрим этапы, через которые проходит человек, когда его убеждают. Во-первых, это общение, при котором получатель обращает внимание на предоставляемый контент. Затем он или она попытается понять все аспекты общения в целом, включая попытки понять, что пытается передать говорящий. Это включает в себя понимание того, какие выводы предлагает говорящий, а также любых доказательств, которые могут поддержать этот вывод. Убеждение происходит, когда человек принимает или соглашается с тем, что ему предлагают, и сохраняет этот интерес достаточно долго, чтобы действовать в соответствии с ним. Основная цель убеждения состоит в том, чтобы человек или группа людей приняли новые взгляды, например, смену марки зерновых из-за представленной новой информации или изменения религиозных убеждений.
Теории обусловленности Обусловливание — одна из основных концепций убеждения. Обусловливание стремится убедить кого-то в чем-то самостоятельно, а не давать прямые инструкции, такие как послушание.

Кондиционирование широко используется рекламодателями в рекламе для создания положительных ассоциаций между их брендом или логотипом и положительными эмоциями. Компании прибегают к рекламным роликам, которые побуждают зрителей смеяться, испытывать сентиментальность или использовать веселую музыку и изображения; Как только эти рекламные ролики завершаются, они раскрывают логотип бренда в надежде, что эти эмоции связаны с их продуктом или услугой.

Теория прививки Теорию прививки часто можно наблюдать в сравнительной рекламе. Согласно этой концепции, у одной стороны есть слабые аргументы, которые могут снизить доверие к ней и, таким образом, заставить аудиторию вместо этого выбирать более сильные аргументы другой стороны.
Рассказ о теории транспорта.

Теория нарративной транспортировки постулирует, что отношение людей может меняться, когда они погружаются в истории. Он стремится продемонстрировать убедительную силу историй, объясняя, когда люди могут испытывать повествовательную транспортировку из-за выполнения различных предварительных условий; кроме того, повествовательная транспортировка происходит при прослушивании повествований, которые вызывают определенные чувства, такие как сочувствие к персонажам.
Отрывок из: «Как анализировать людей и язык тела для начинающих. Понимание секретов тела и мозга для приобретения выдающихся коммуникативных навыков. Образ мышления НЛП».

КОНЕЦ